루스 베네딕트의
국화와 칼

"고전을
인터뷰
하다 1"

루스 베네딕트의
국화와 칼

인터뷰와 일러스트로 고전 쉽게 읽기

최유리 글 · 나인완 그림

bs
브레인스토어

프롤로그

일본으로 유학을 준비하던 중, 대학생이었던 친척 언니에게 선물 받아 읽게 된 『국화와 칼』은 1장을 벗어나기 전에 포기한 어려운 책이었습니다. 이후 유학 생활 중, 다시 그 책을 만난 곳은 대학 도서관이었습니다. 한국어로 읽어도 어려웠던 책을 외국어로 읽었으니 결과는 보나 마나 실패였습니다. 그 책에 대한 의무감이나 기억 따위는 고이 접어 무의식 속에 잘 보관해 두고 시간이 지나기를 수 년. 한국으로 돌아와 회사 생활을 하던 중, 회사 책장 구석에 꽂혀 있는 『국화와 칼』을 다시 만나게 되었고 그것이 저의 첫 번째 완독이 되었습니다.

여전히 어렵고 손이 가지 않는 책이었지만 그래도 다 읽고 나니, '아 이 책을 일본 유학 생활 전에 읽었더라면 어땠을까... 지금과는 또 다른 삶을 살고 있을 수도 있겠구나.'라는 생각이 들었습니다. 그래서 유학을 준비하거나 일본 주재원을 희망하는 주위 사람에게 추천해 보았지만 '아... 추천해 줘서 읽어는 봤는데...'라는 반응이었습니다. 이렇게 도움이 되는 내용을 왜 나를 포함한 주변 사람 대부분은 어려워하는 것일까. 제가 생각한 이유는 세 가지였습니다.

첫 번째, 이 책은 미국인 관점의 이야기입니다. 이웃나라인 한국인에게는 필요 없는 정보로 인해서, 가까운 길을 멀리 돌아오게 했던 것입니다. 마치 한국 사람에게 경복궁의 위치를 설명하기 위해서, 오대양 육대주부터 설명하는 격이었습니다.

두 번째는 2차 세계대전 중에 쓰인 글이라는 것입니다. 오래전에 쓰인 각종 예시나 상황이 지금 우리가 읽기에는 공감되지 않는 부분이 많았습니다.

마지막으로 일본어에 대한 이해가 없이 글을 읽어야 하는 고충이었습니다. 언어는 문화 배경과 사고 구조를 알아가는 일부이자 출발점입니다. 따라서 일본어를 모르는 독자에게는 결코 친절한 글이 아니라는 것이었습니다.

이러한 고민을 해결할 수 있다면 유학 준비생, 주재원, 또는 취업 준비생들에게도 큰 도움이 되지 않을까라는 생각을 했고, 결국 제가 직접 이 책에 대한 해설 강의를 만들었습니다. 저의 강의를 듣고 난 후, 책을 읽지 않은 수강생은 물론이고 이미 책을 읽은 수강생까지도 다시 『국화와 칼』을 읽겠다고 하는 것을 보고 '아, 내가 제대로 짚었구나!'라는 생각과 함께 이 해설강의를 책으로 출판하고 싶다는 욕심이 생겼습니다. 그때, 나인완 작가님과 뜻을 함께 하게 되어 『루스 베네딕트의 국화와 칼』의 집필을 시작하게 된 것입니다.

과거의 저처럼 먼 길을 돌아 『국화와 칼』을 만나지 마시고, 이 책을 통해 가벼운 마음으로 『국화와 칼』을 여러분의 것으로 만드시기를 바라며 글을 마치겠습니다.

2020년
최유리

차례

인물소개

루스 베네딕트

미국의 문화 인류학자예요.
주요 저서로 『문화의 유형 Patterns of Culture』
(1934) 『국화와 칼 The Chrysanthemum and the
Sword』(1946) 등이 있어요.

인간의 사상과 행동의 의미에 대해서 심리학을
바탕으로 분석했어요. 행복하지만은 않았던 어
린 시절을 보냈지만, 어린 나이에도 죽음의 미학
에 대해 이야기할 정도로 통찰력이 뛰어났지요.
또한 그것을 글로 써내는 재주까지 있었어요.

유리센

한국과 일본을 오가며 활동하고 있는 한국어-일
본어 강사예요. 일본인에게 한국어를 가르치기도
하고, 한국인에게 일본어를 가르치기도 하다 보
니 양국의 문화와 정서의 차이에 관심이 많아요.

나작가

다양한 주제로 작품 활동을 하고 있는 만화작
가예요. 그중에서도 일본에 관한 소재에 관심
이 많아서 일본어는 물론이고 일본 문화와 정
서를 공부하고 싶어 해요.

1장

임무:
일본

Assignment: Japan

루스 베네딕트의 국화와 칼

> 1948년 6월, 뉴욕 도착!
> 베네딕트 교수의 연구실을 찾는 유리센과 나작가

나작가

짜잔, 드디어 1948년 뉴욕시티에 도착했습니다.

유리센

눈 깜짝할 사이에 도착했네요. 직항을 타도 한나절이 꼬박 걸리는 거리인데, 앞으로 여행은 브라운 박사님의 타임머신을 주로 이용해야겠어요.

나작가

진심이세요? 유리센은 목숨 거는 거 즐기시나 봐요.

유리센

아, 그런 건 아니지만, 이렇게 정확하게 원하는 시간에 도착할 수 있다니, 이 정도면 안정적인 교통수단이 아닐까 싶습니다 ㅎ

나작가

아 네...;

금요일 퇴근 시간대의 정체를 생각하면 정말 안정적이긴 하네요.

유리센

저녁이 되어도 선선하지 않은 걸 보니 이곳에도 여름이 오나 보네요.

나작가

그러게요. 이 시절의 뉴욕은 지금과는 많이 다르네요.

나작가

타임머신을 타기 전에 열심히 사전 조사를 했지만, 그래도 역시 현실감이 떨어져요.

유리센

우리는 이곳에서 이틀의 시간이 있으니,

차차 적응하기로 하고 우선 그 분을 만나러 가요.

나작가

그래요. 제가 알아본 바에 의하면 그분의 연구실은 저 건물 3층 오른쪽 두 번째 방이에요.

유리센

아직 불이 켜져 있는 걸 보니, 다행히 퇴근 전이시군요.

나작가

늘 늦은 시간까지 연구실에서 시간을 보낸다고 하시니, 분명 계시리라 생각했어요.

연구실 앞에서 노크하는 두 사람

유리센

이, 이... 익스큐즈미

나작가

번역기 모드 온! 뾰로롱~

안녕하세요. 루스 베네딕트 선생님, 저희는 21세기 대한민국에서 선생님을 만나러 왔습니다.

베네딕트

뭐라고요? 21세기요? 대한민국이라고요?

유리센

네, 저는 일본어를 가르치는 '유리센' 이라고 해요.

나작가

저는 일본과 역사에 관심이 많은 '나작가' 라고 해요.

 베네딕트

정말 먼 곳에서 왔군요. 그리고 먼 미래에서도 왔고요. 어쨌든 반가워요.

유리센, 나작가

이렇게 반겨 주시다니... 너무 감사합니다.

 베네딕트

나는 문화 인류학자예요. 다양한 경험을 소중하게 생각하죠.

베네딕트

특히 만나기 어려운 지역의 사람들과 소통하는 것은 나에게 큰 자산이 되거든요.

우선 여기 앉아서 이야기하도록 하죠.

연구실 소파에 앉는다

유리센

저희는 선생님의 『국화와 칼』을 읽고 여러 가지 궁금한 점이 생겨서 직접 뵈러 왔어요.

베네딕트

오, 『국화와 칼』이 21세기에도 읽히고 있다니,

연구에 쏟은 노력이 헛되지 않았군요.

나작가

네, 하지만 저희로서는 이해가 어려운 부분이 많은 책이에요.

베네딕트

아무래도 문화나 시대적 배경에 차이가 있다 보니 책으로만 이해하기에는 어려움이 있을 수 있다고 생각해요.

유리센

그래서 이번 방문을 통해 선생님께 책의 내용에 대해서 여러 가지 여쭈어 보고 싶은데,

시간이 어떠신가요?

베네딕트

말했듯이 나는 문화 인류학자이기 때문에 이렇게 다른 문화권의 두 분과 만나서 대화를 하는 것도 나에게는 연구의 일부예요.

시간은 얼마든지 만들 수 있어요.

언제까지 머물 예정인가요?

나작가

내일 저녁까지는 이곳에 머무를 예정이에요.

 베네딕트

좋아요. 그렇다면 나도 내일 저녁까지의 모든 시간을 두 분과 보낼 수 있도록 조정할게요.

유리센

우와, 고맙습니다.

 베네딕트

유리센과 나작가가 살고 있는 21세기 대한민국은 내가 알고 있는 한반도의 모습과는 많이 다르겠군요.

내가 일본에 가보지 않고 일본을 경험한 사람들과의 인터뷰를 통해 『국화와 칼』을 쓴 것과 같이 이번 기회에 유리센과 나작가를 통해 대한민국에 대해 많은 이야기를 듣고 알아가고 싶네요.

유리센

지금의 대한민국은 선생님이 알고 계신 그곳과는 많이 달라졌어요.

무엇보다 대한민국은 주권국가이고,

유리센

동시대의 그 어떤 나라보다 앞선 민주주의를 실현하고 있는 나라로 주목받고 있어요.

나작가

그리고 저와 같은 아티스트의 표현의 자유도 보장받고 있어요. 물론 개선될 점도 많지만, 대한민국의 가요, 드라마, 영화, 웹툰 등은 전 세계인의 사랑을 받고 동경의 대상이 되고 있어요.

 베네딕트

정말 놀라워요. 그런 성과의 과정도 궁금하군요.

그나저나 저를 만나러 두 분이 이곳에 온 구체적인 계기를 알고 싶어요.

유리센

지금 대한민국과 일본은 가깝고도 먼 나라로 지내고 있어요. 지리적으로나 각종 국제관계에서는 가까운 나라이지만, 역사적인 문제로 정서적으로 멀게 느껴질 수밖에 없는 나라로 남아있어요.

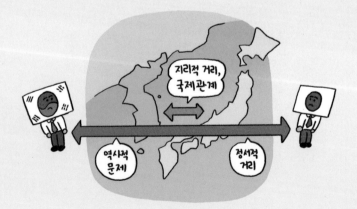

베네딕트

역시 그렇군요.

나도 그 점에 대해 안타깝게 생각해요.

나작가

그래서 선생님이 일본과 일본인에 대해 쓴 글인

『국화와 칼』을 대한민국의 독자들에게 소개하면 이러한 관계를 개선하는 데 도움이 되지 않을까 생각했어요.

 베네딕트

그렇군요.

내가 쓴 글은 일본인의 사고의 원리와 그 배경에 대해서 집중해서 연구한 결과물이에요. 시대가 지났어도 여전히 그들을 이해하는 데 도움이 될 거라고 생각해요.

이번 기회에 대한민국 독자들이 일본에 대한 이해를 넓히고 그를 통해 양국이 지금보다 발전적인 관계가 되길 바라요.

유리센

네, 그래서 저희가 왔습니다!

먼저, 선생님께서는 일본인을 표현할 때,

'그러나 또한(but also)'이라는 표현이 꼭 필요하다고 했는데, 저는 그 부분이 정말 인상적이었어요. 이러한 생각을 하는 것이 한국인인 저 뿐만 아니라 미국인에게도 마찬가지였다는 것이 놀라웠고요.

베네딕트

아, 유리센도 그렇게 생각했나요?
그렇다면 이야기를 쉽게 풀어갈 수 있겠군요.
일본인은 극단적인 양면을 지니고 있어요.

글의 제목처럼 '국화'와 '칼'을 동시에 다루는 민족이에요. 국
화가 아름다움과 평화를 상징한다면, 칼은 잔인함과 권력을
상징하죠. 그리고 그들은 이 모두를 중요시하는 거예요.

나작가

그래서 글의 제목을 『국화와 칼』로 정했군요.

'국화'와 '칼'이 이 글의 핵심이 된다고 판단했다는 것인데,
왜 그렇게 생각하셨나요?

베네딕트

그것을 이해하기 위해서는 먼저 이 글을 쓰게 된 배경을 알
아야 해요.

 베네딕트

저는 이 글을 학술적인 목적이 아니라 미국 정부의 군사적, 외교적 목적으로 의뢰받아서 썼어요.
당시 미국은 일본과 전쟁 중이었고, 알려진 것이 많지 않은 동양의 보수적인 나라 일본을 이기기 위해서는 일본인의 생각과 감정과 습성, 그리고 그 습성이 만들어내는 행동 양식을 이해해야 했어요. 그래야 그들의 행동을 예측하고 유리한 전략을 세우고, 전술을 펼칠 수 있으니까요.

유리센

아, 나를 알고 남을 알면 이길 수 있다는 것이군요.

베네딕트

맞아요.

그런데 전쟁에서 보여준 일본인의 행동 양상은 미국이 지금까지 수많은 전쟁을 치르면서도 겪어보지 못한, 당황스러울 정도로 새로운 양상이었거든요. 그중 모순적이라고 할만큼 괴이한 양면성(마치 국화와 칼을 동시에 숭배하는 모습)이 일본인을 알아가는 핵심이라고 판단했어요.

나작가

그런데 전쟁 중이니 일본에 직접 가보기는 불가능하고, 그래서 인터뷰 방식의 연구 방식을 택했던 거군요.

베네딕트

문화 인류학자는 연구를 위해서 반드시 현장 조사를 실행해요. 그들의 삶의 일부가 되어 생활상을 면밀히 관찰하고, 학자 자신이 속한 문화와의 차이에 익숙해져야 해요.

그런데 그 현장에 가볼 수 없으니, 내가 선택할 수 있는 방법은 기존의 정보와 미국에 거주하고 있는 일본인, 특히 일본에서 나고 자란 사람과의 인터뷰였어요.

유리센

그것만으로 가본 적 없는 나라에 살고 있는 사람의 관점을 연구해야 한다니 상당히 고민스러웠겠어요.

베네딕트

하지만 나는 이 방식에 확신이 있었어요.

나는 다양한 연구를 통해, 종족과 국가에 따라 같은 상황이어도 그 의미를 정의하는 방식의 차이가 크다는 것을 이미 알고 있었어요. 그래서 그들의 풍속, 유명인에 대한 설명, 역사, 신화, 국경일에 행해지는 연설 속에서도 일본인들만의 상징과 관점을 찾아낼 수 있었어요.

문화 인류학자는 연구를 위해서 반드시 현장 조사를 실행해요!

그런데 당시 일본과는 전쟁 중이라 갈 수가 없는 걸요.

그래서 내가 선택할 수 있는 방법은 기존의 정보와 미국에 거주하고 있는 일본에서 나고 자란 사람과의 인터뷰였어요.

최선의 방법이었네요.

하지만 그걸론 부족하지 않을까요?

저는 확신했어요. 인터뷰를 통해 알아본 그들의 풍속, 유명인에 대한 설명, 역사, 신화, 연설 속에서 그들만의 상징과 관점을 찾아낼 수 있었어요.

베네딕트

이 과정을 통해 모순적이라 여기던 부분이 더 이상 모순이 아니라 그들의 오랜 관습으로부터 굳어진 그들만의 방식이라는 것도 알게 되었죠.

나작가

양면성을 민족의 본성으로 봤다는 것인가요?

베네딕트

그것에 관해서는 다양한 관점에서 접근하고 있어요.

2장에서는 전쟁을 대하는 일본의 시각을 통해 그 점에 대해 알아볼게요.

유리센

전쟁은 절대 일어나면 안 되지만

그 관점을 이해하는 것은 매우 중요하다고 생각해요.

베네딕트

그나저나 두 분 저녁식사는 했나요?

나작가

아니요. 아직이에요.

사실 멀미 날까 봐 제대로 먹지도 못했어요.

유리센

아, 저희 여로가 좀 험난했거든요.

베네딕트

아 그래요? 저녁을 먹으면서 계속 이야기를 나누는 것이 어떨까요?

유리센

매우 좋다고 생각합니다.

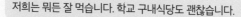

자리에서 일어서는 세 사람

나작가

저희는 뭐든 잘 먹습니다. 학교 구내식당도 괜찮습니다.

베네딕트

아, 이 학교의 교수식당은 남자 교수들만 이용할 수 있어요.

유리센, 나작가

네?! 왜요?

베네딕트

여성학자를 인정할 수 없다는 학내 분위기 때문에 어쩔 수 없어요.

유리센

이런... 갑자기 시간 여행을 했다는 실감이 팍 나네요.

베네딕트

21세기는 그런 일이 없나 보네요. 바람직한 방향으로 발전했네요.

나작가

그럼 식사는 주로 어디서 하시나요?

베네딕트

늘 가는 곳이 있어요. 그런데 조금 걸어야 해요.

유리센

1948년의 뉴욕을 걷다니! 멋져요.

베네딕트

훗.

**루스 베네딕트의
요약**

이 글은 2차 세계대전 중 쓰이기 시작했어요. 미국 정부는 일본이라는 미지의 상대를
알아가기 위해 문화 인류학자인 나에게 조사를 의뢰했어요. 하지만 전쟁 중인 적진에
갈 수 없었기에 다양한 자료와 미국에 거주하는 일본인 인터뷰로 조사를 진행했어요.
조사를 통해 알게 된 일본인의 가장 인상적인 부분은 극단적인 '양면성'이에요.

2장

전쟁 중의 일본인:
전쟁을 바라보는 시각

The Japanese in the War

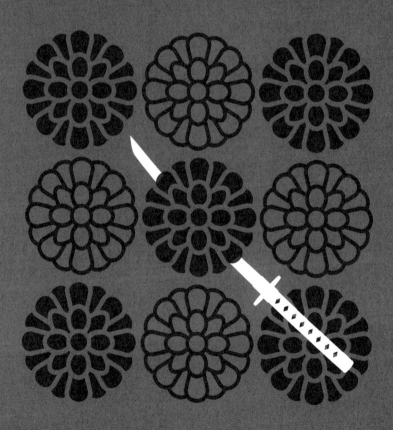

금요일 저녁,
대학 인근의 레스토랑으로 향하는 세 사람

베네딕트

컬럼비아 대학은 처음인가요?

유리센

1948년에는 처음이지만,

21세기의 컬럼비아 대학은 가본 적이 있어요.

베네딕트

그때도 지금과 같은 모습인가요?

유리센

여전히 명문 대학이에요. 주위에 건물들이 더 많아졌어요.

나작가

미국의 대통령을 배출하기도 했죠.

베네딕트

이 캠퍼스에서 여성 교육도 이루어지고 있나요?

나작가

네, 그럼요. 남녀공학이에요.

베네딕트

꼭 그 모습을 보고 싶군요.

유리센

조금 전 연구실에서 말씀하신 전쟁 중의 일본인에 대해서 알아보는 것이 어떤 의미가 있을까요?

나작가

당시의 전쟁은 국가의 운명뿐만 아니라

참전하는 개인에게도 목숨을 걸고 하는 형태였으니 전쟁을 어떤 방식으로 받아들이고 행동하는지 보면 그 집단의 성격을 볼 수 있는 거 아닐까요?

베네딕트

일본이 전쟁을 하는 이유부터가 미국과는 너무 달라서 놀라웠어요.

유리센

전쟁을 하는 이유요?

미국이 전쟁에 참여하게 된 이유는 유명한 할리우드 영화
「진주만」으로 쉽게 알 수 있었어요.

진주만(Pearl Harbor, 2001):
마이클 베이 감독의 영화로
1941년 12월 일본군의 하와
이 진주만 공습을 배경으로
한 전쟁영화

나작가

미국이 동아시아에서 세력을 확장하는 일본을 견제하기 위
해 일본과의 무역거래를 금지했고 이에 반발해서 일본이
미국을 공격한 거죠?

베네딕트

맞아요.

당시 미국은 공격받았기 때문에 일본과 전쟁을 시작했어요. 하지만 애당초 일본이 동아시아에서 세력을 확장하며 전쟁을 이어가는 이유는 그것이 아니었어요.

여기 이 지도를 잠깐 보세요.

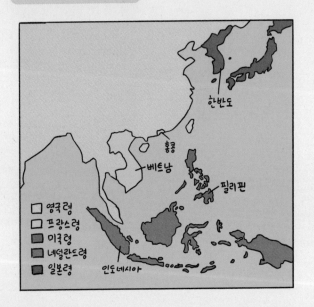

 베네딕트

이처럼 동아시아의 여러 나라에 대해서 서양의 나라가 통치권을 갖고 있었어요.

일본은 그것을 잘못된 것이라고 생각했어요.

베네딕트

> 동아시아의 약소국은 동아시아의 강대국이 통치권을 갖는 것이 적절하다고 생각한 거예요.

유리센

> 약소국이든 강대국이든 모든 국가가 주권을 갖고 있는 것이 아니라

> 강한 나라가 약소국의 통치권을 갖는 것이라고 전제했군요.

 베네딕트

> 일본은 예로부터 절대적인 계급 체계가 존재한 나라예요.

> 힘이 약한 계층이 모두 주권을 갖고 있으면 이런 견고한 체계가 유지될 수 없다고 생각했어요.

나작가

동아시아 전체를 하나의 집단으로 보고 그중에 힘이 약한 나라를 계급의 하위 계층으로 인식한 거네요.

베네딕트

그렇죠.

일본은 서양의 문물을 받아들이고 빠르게 적응한 아시아 국가로, 강력한 무기와 전력을 보유하고 있는 강대국이었고

이러한 질서를 바로잡는 것이 강대국인 자신들의 역할이라고 생각했으니까요.

유리센

아까 보았던 지도에서 동아시아에 통치권을 갖고 있던 나라들 있잖아요? 프랑스, 네덜란드, 미국, 영국이요.

유리센

일본은 이 나라들을 동아시아의 불청객으로 간주했고, 불청객을 몰아내는 것이 자신들의 의무라고 생각한 것 같아요.

베네딕트

네, 동아시아 국가 간의 서열에 대한 믿음과 확신이 견고했거든요.

나작가

그렇다면 전쟁을 하면서 알게 된 새로운 면은 무엇인가요?

베네딕트

사실 일본 내에서도 미국을 상대로 전쟁을 하는 것에 대해서 비관적인 목소리가 있었어요.

유리센

하긴 당시 기술, 경제규모, 군수물자, 군대의 규모와 같은 것들을 수치적으로 비교해보면 시작하면 안 되는 싸움이었죠.

베네딕트

하지만 일본은 이런 물질적인 수치는 중요하지 않고, 정신적인 믿음으로 이겨낼 수 있다고 주장했어요.

나작가

정신승리군요.

베네딕트

미국의 군대는 규모는 크지만 일본의 군대만큼 정교한 전쟁훈련을 받지 않았고, 무기 기술은 발달했지만 일본의 군대는 몸으로 그것을 이겨낼 수 있다고 국민과 군인을 설득했어요.

유리센

아, 일본의 군대가 미국의 무기 기술을 몸으로 이겨낸다고 하는 말을 들으니 그 유명한 가미카제 특공대가 떠오르네요.

가미카제 특공대: 전력이 다하거나, 승산이 없다고 판단한 비행기 조종사가 비행기를 몰고 적진으로 돌진하는 자살특공대

베네딕트

그뿐만이 아니에요. 더 이상 병력에 도움이 안 되는 부상병은 수류탄을 들고 있다가 적군이 다가왔을 때 자살폭탄 공격을 하기도 했어요.

나작가

대단한 정신교육이네요. 그걸 국민과 군인들이 믿게 하다니, 어떤 방법을 쓴 거죠?

베네딕트

모든 전쟁의 과정이 철저하게 일본의 의도대로 돌아가고 있다고 말했어요. 어떤 결과가 나오더라도요.

유리센

전쟁에서 패하더라도요?

베네딕트

당시는 전쟁에 대한 정보가 투명하지 않았어요.

즉, 패배한 전투도 승리한 전투로 보도했고, 혹여 공격을 받았더라도 이것은 일본군의 작전에 의해서 적을 유인한 것이라고 할 정도로 모든 상황은 일본군에 의해 완벽하게 계획되고 예지된 것이라고 했죠.

나작가

저로선 이해가 잘 되지 않아요. 아무래도 국민들의 이런 정서적 바탕에는 구심점이 필요했을 것 같아요, 이를테면 종교 같은 거요.

베네딕트

그렇죠. 그것을 일왕(천황)에 대한 충성심으로 봐요. 황실에 대한 숭배는 종교와 같은 거예요.

 유리센

종교를 위해 목숨을 걸고, 싸우고, 이민을 가는 것과 같이 맹목적이었군요.

일왕을 위해 싸우다 죽을 수도 있다는 것이니...

베네딕트

일본인의 일왕에 대한 충섬심은 충격적이었어요.

전쟁 포로 중에서 일본의 군정을 비난하고 전향하는 사람은 있지만, 일왕에 대한 비난을 하는 사람은 단 한 사람도 없었으니까요.

 나작가

과연 그들에게는 종교와 같은 존재였군요.

나작가

군국주의자들은 이를 적극적으로 이용해서 자국민과 군인을 설득했겠네요.

베네딕트

또 다른 놀라운 점은 전쟁을 하다가 부상을 입은 군인에 대한 처우였어요.

유리센

아... 부상병이 자살폭탄 공격을 했다는 말을 듣고 짐작은 됐어요.

베네딕트

그들에게는 승리하거나 죽을 때까지 싸우는 것만이 명예로운 행동이었어요.

부상병으로 동료에게 누를 끼치는 것은 부끄러운 행동으로 여겨졌죠. 무엇보다 적군에게 포로가 되는 것은 수치고, 그것은 불명예스럽게 죽은 것이나 마찬가지였어요.

나작가

나라를 위해 싸우다가 다치거나 포로가 되어도 다시 일본으로 돌아가기 힘들었겠네요.

베네딕트

이런 사고방식은 일본군에 잡힌 미국군 포로에게도 해당되었지만, 미국군 포로들이 그런 사고방식을 이해할 리 없었죠.

유리센

마찰이 있었겠네요.

역시 문화의 차이를 모르는 것은 위험한 무지인 것 같아요.

베네딕트

전쟁 중 포로로 잡힌 일본인의 전혀 다른 사고방식으로 인해 미국군은 더 놀라운 경험을 하게 되었어요.

나작가

일본군이 포로로 잡히면 이미 죽은 것이나 마찬가지라고 했으니, 일본인으로의 삶은 완전히 끝나고 새로운 삶을 살았을 것 같은데요?

베네딕트

맞아요. 전혀 새로운 사람처럼 연합군에 협력하기 시작했어요.

유리센

협력이라면, 군사기밀을 제공한다거나 하는 건가요?

베네딕트

그뿐만이 아니에요. 직접 폭격기에 탑승해서 정확한 목표물의 위치를 안내해 주기도 했어요.

나작가

정말 놀라운 사고네요.

어떻게 그런 극단적인 변화가 가능할까요?

베네딕트

그들은 정신적으로 완벽하게 다른, 또 다른 삶을 사는 것이니, 일본군이었을 때 일왕에게 충성을 다했다면 이번에는 연합군에게 충성을 다할 수 있는 것이라고 생각하는 거예요.

더 이상 일본인이 될 수 없다면 차라리 이곳에 어울리는 성실하고 충직한 삶을 살고 싶다는 거죠.

일본 국민들의 정서적인 중심은
일왕에 대한 충성심,
즉 황실에 대한 숭배였어요.

전쟁 중에 포로로 잡혀도 결코
일왕을 비난하는 사람은 없었어요.

이게 다
일본 정부 때문이야.

일왕님이
무슨 죄가...

부상병이라고 무시하지 마라!

골골대면서
죽느니
명예롭게
죽는 걸
택하겠다!

신기한 점은
더 이상 일본인이 아니라고 생각되어도
그 충성심만은 그대로여서
현재 위치에 맞는 충직함을 보여줬어요.

현재 나는 포로이므로
그에 맞는 최선을 다하겠다.

미국군
일본
포로

> 걷는 도중 세인트 존 더 디바인 성당
> (성 요한 뉴욕 교구 대성당)을 발견한 세 사람

베네딕트

저 공사 중인 곳을 지나면 내가 자주 가는 식당이 있어요.

나작가

앗, 저 건물은 세인트 존 더 디바인 성당 아닌가...?
아 역사의 한순간이구나...!

베네딕트

성당의 완성된 모습은 어떤가요?

유리센

저희가 온 곳에서도 여전히 공사가 이어지고 있어요. 완공
된 모습을 많은 사람들이 기대하고 있어요.

루스 베네딕트의
요약

일본은 예로부터 절대적인 계급체계가 존재하는 나라예요. 계급이 지켜지지 않는 것
은 전체의 질서가 무너지는 것이라고 생각했어요. 일본이 전쟁을 일으킨 이유는 여기
에서 찾을 수 있어요. 아시아 국가 중에서 가장 우위에 있는 일본이 아닌 서양 강대국
이 아시아 국가를 통치하는 것이 계급체계를 무너뜨리므로, 통치권을 가져옴으로써
그것을 바로잡아야 한다는 거죠. 물론 우위에 있다는 것은 그들의 기준으로, 서양문
물에 대한 빠른 수용과 적응에서 이루어진 무기보유를 말하는 것이에요. 하지만 미국
에 비해서는 터무니없는 수준이었고, 이것을 일왕에 대한 충성심을 바탕으로 한 정신
력으로 이겨내야 한다고 믿고 있었죠.

3장

적절한 자리를 지키는 것: 서열

Taking One's Proper Station

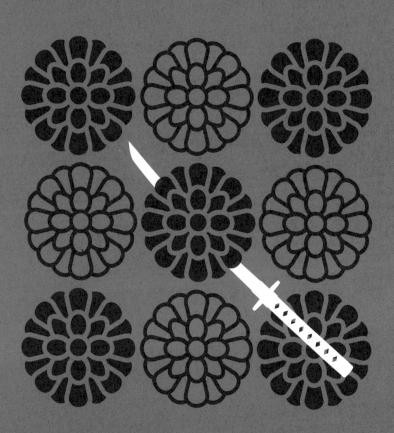

대학 인근의 레스토랑

나작가

오, 더 시켜주셨다.

유리센

이런 맛이라면 소 한 마리도 먹을 수 있어요.

나작가

진정하세요. 우린 일하러 왔다고요!

유리센

...?

 베네딕트

오면서 하던 이야기를 계속해볼까요?

유리센

아, 네.

오면서 이야기 나눈 것 중에 일본은

동아시아 국가 간의 서열에 대한 믿음과 확신이 견고했다
는 이야기를 했잖아요? 이런 관점은 그들 내부에서도 견고
했을 거 같아요.

나작가

오... 그러고 보니 사무라이가 하급 층을 처형하는 것이 법적
으로 정당하던 시절도 있었잖아요.

키리스테고멘 ㅎ切捨御免: 근대에 무사계급인 사무라이가 하급 계층에게 엄청나게 무례한 대우를 받을 경우 법의 심판 없이 처형이 허용됨

베네딕트

> 맞아요. 사무라이가 하급 층에게 모욕을 당하면 칼을 사용할 수 있었고 이것을 법적으로 용인하던 시절이 있었죠.

유리센

> 하지만 현실적으로는 지역사회의 노동력인 그들을 함부로 해치지는 못했고, 상징적인 제도였다는 의견이 지배적이더라고요.

나작가

> 하급 층은 그들의 노동력 자체가 자신을 지키는 무기였네요.

베네딕트

> 그렇게 '왕족-귀족-무사-평민'들은 '자신의 자리를 잘 지키는 것'으로 일본 사회가 흔들림 없이 발전할 수 있다고 믿어 왔어요.

유리센

> 적절한 자리를 지키는 것이 당연하게 받아들여졌군요.

나작가

생각해보니 제가 일본어를 배울 때 유난히 존경어와 겸양어에 대한 사용이 딱딱하게 구분되는 것 같았어요. 단순히 예의를 지키는 것보다는 말하는 사람과 듣는 사람의 위치를 정확하게 구분한다는 느낌이 들었거든요.

유리센

맞아요. 일본인과의 대화에서는 상황과 상대에 따라 사용하는 대명사가 달라져요.

2인칭 대명사   1인칭 대명사

베네딕트

언어를 비롯해서 인사를 하는 자세로도 명확하게 구분해요. 인사 자세인 오지기를 통해 상황에 맞게 인사한답니다.

오지기 お辞儀: 상황과 상내에 맞게 허리를 숙이는 각도를 결정하는 인사 방법

유리센

비슷한 예로 현대사회에서는 서류에 결재 도장을 찍을 때,

부하직원이 상사의 도장을 향해서 인사하듯 기울여서 찍는 것이 관습으로 남아 있기도 해요.

나작가

아직도 도장을 사용하는 것도 놀랍지만, 그런 관습은 정말 뼛속까지 계급의식이 남아 있는 상징이라고 볼 수 있겠네요.

 베네딕트

이렇듯 일본은 전통적으로 세대, 성별, 연령의 특권이 상당히 커요.

유리센

집안에서도 가장의 권한이 절대적일 것 같아요.

나작가

앞에서 본 인사나 도장 문화만 봐도 거의 독재자에 가까운 존재였을 거 같은데요?

베네딕트

독재자보다는 오히려 관리인의 성격이 강했어요.

중대한 결정을 내리고 그것이 잘 이행되는지 살피지만 절대적인 권한을 쥔 것은 아니었고, 구성원에게 책임감 있는 행동을 요했어요.

유리센

마치 회사의 조직장처럼요?

나작가

조직원의 의견을 수렴하고 그에 따라 가장 적합한 결정과 효율적인 이행을 위해 관리 감독하는 건가요?

 베네딕트

비슷해요. 어떤 결정을 하기 위해서는 집안의 의견을 수렴해야 해요. 이때는 동생이든 여성이든 결정에 영향을 미칠 수 있어요.

유리센

그렇다면 그렇게 결정된 사안에 대해서는 다른 구성원도 크게 반발이 없겠네요. 수행하기 위해 서로 노력하기도 하고요.

나작가

가정에서 배운 그런 서열의 관습을 사회에서는 경제와 정치 분야에서도 적용하면서 자연스럽게 서열 유지를 받아들이게 되는 거고요.

 베네딕트

지위가 높은 사람이라면 실제 지배력과 별도로 존경하고 복종해야 한다는 것을 가정에서부터 배우는 거죠.

유리센

> 아무리 그래도 불합리한 경우가 있었을 것 같아요.

베네딕트

> 물론이에요. 신문고 제도가 있어서 억울한 일을 당한 농민이 나라에 호소할 수 있었어요. 그리고 공정한 판결이 내려지는 경우가 많았어요.

나작가

> 하지만 농민이 부당함을 호소하는 것이 허락되었다는 자체가 철저한 서열 유지에 위협요소가 되지 않나요?

베네딕트

> 그렇죠. 그래서 아이러니하게도 억울한 농민의 손을 들어주는 판결이 나와서 배상을 받고 가해자를 처벌해도, 이를 호소한 농민은 동시에 서열을 위협했다는 죄를 짓게 되는 거예요. 그 죄로 농민은 최고형인 사형에 처해졌어요.

유리센

> 피해자가 보상과 처벌을 동시에 받는 소송을 한다는 건가요? 너무 이상해요.

나작가

명분의 정당함은 서열 유지라는 문제와는 아무런 관계가 없다는 것이군요.

베네딕트

구성원이 상호 의무를 완벽하게 이행하면 모두가 법적인 보호를 받을 수 있는 사회라는 것을 인식시키고 싶었던 거죠.

일본 정부

사무라이   농민

유리센

일본인들은 이 단단한 삼각형을 유지하기 위해 어느 한 지점도 균형을 무너뜨리지 않으려고 최선을 다하겠네요.

베네딕트

그 삼각형을 유지하기 위해 일본 정부(막부)는 다양한 장치를 마련했어요.

먼저 사무라이에게는 경제활동을 전면 금지하고 정부 지원금으로만 생활하게 했어요. 그래서 결코 부유할 수 없었죠.

베네딕트

농민에게는 토지를 소유하는 특권을 갖게 했지만 높은 세금을 부과했어요. 역시 부유할 수 없었어요.

상인에게는 일정 규모 이상의 사업을 하는 것을 막아서 상급 계층보다 더 큰 부를 축적하는 것을 막았어요.

이런 상황에서 균형을 유지하며 살기 위해 자연스럽게 검소함이 미덕이라는 규범을 매우 강조하게 된 거예요.

나작가

지금의 일본도 그런 이미지가 남아있어요.

유리센

그럼 일본인은 태생으로 결정된 계급을 뛰어넘는 방법이 없었나요?

 베네딕트

이 점이 특이한 점인데,

베네딕트

계급 간의 결혼이나 양자 제도가 허용되었어요. 가족제도를 이용해서 부의 재분배나 계급 상승의 기회를 주는 사회였죠. 가난한 사무라이가 부농의 집안과 결혼을 한다거나, 상인으로 태어난 자가 사무라이의 양자로 들어가는 방법으로요.

나작가

일정 부분 유연한 제도도 있었네요.

 베네딕트

하지만 극히 일부에서만 일어나는 일이었고, 대부분 개인의 지위는 세습되는 사회였어요.

유리센

서열 안에서 안정을 찾는 사회라,

미국인의 관점에서는 많이 놀라웠겠어요.

 베네딕트

더 놀라운 것은 19세기 초 도쿠가와 막부가 무너지고 난 이후예요. 이들은 혁명이나 개혁이 아니라 '과거로 돌아가자'고 외쳤어요.

나작가

그것이 바로 일왕을 복위하고 외세를 물리치자고 외친 '메이지 유신'이군요.

유리센

그 혁명으로 과거로 돌아간 것은 왕정밖에 없고, 그 외 모든 것이 근대화되긴 했죠.

베네딕트

맞아요.

그 부분에 대해서는 자리를 옮겨서 계속 이야기해 볼까요?

나작가

네, 좋아요.

베네딕트

그런데... 시간이 늦어서 문 연 곳이 있을지 모르겠네요.
두 분의 숙소는 어디인가요?

유리센

5번가의 플라자 호텔이에요.

베네딕트

그렇다면 그 근처로 가죠. 근처에 늦게까지 하는 재즈클럽
이 있어요.

나작가

뉴욕의 재즈클럽이오? 게다가 5번가!

아, 출장이 이렇게 행복한 일이었나요?! 빨리 가요!

루스 베네딕트의
요약

일본인은 자신의 자리에서 해야 하는 일을 성실하게 해내는 것을 무엇보다 중요하게
여기는 민족이에요. 덕분에 계층 간의 갈등이나 권력 행사 없이도 계급 체계가 비교
적 잘 유지되었다고 볼 수 있어요.

4장

메이지 유신:
과거의 영광으로

The Meiji Reform

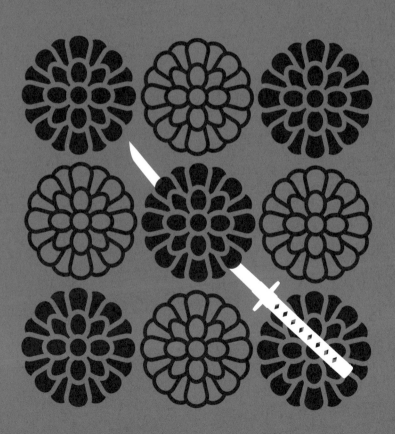

본토 재즈 소울에 몸을 맡겼더니...

다리에 힘이...

오늘은 이만 쉬는 게 좋겠어요. 호텔에서 푹 쉬고 내일 아침에 보는 걸로 해요.

5번가 재즈 클럽

베네딕트

이곳이에요.

유리센

재즈클럽에는 자주 오시나요?

베네딕트

사실 나는 사람이 많은 곳을 즐기지 않아요. 하지만 이곳의 음악을 들으면 새로운 영감이 떠올라요.

그래서 종종 방문한답니다.

나작가

영화 속에 들어와 있는 기분이에요. 멋져요!

베네딕트

마음에 드니 다행이네요.

주문한 음료가 나오고,
무대에서는 음악이 연주되고 있다

베네딕트

식당에서 이야기하다 만 메이지 유신에 대해서 더 알아보도록 할까요?

유리센

네, 유신維新이라는 단어를 한 번 짚고 넘어가면 좋을 것 같아요. 낡은 제도를 고쳐 새롭게 한다는 의미가 맞나요?

베네딕트

맞아요. 비슷한 단어로 쇄신, 혁신이 있죠. 그런데 과거로 돌아간다고 하니 좀 아이러니하죠? 사실 과거로 돌아가고자 하는 것은 '왕정 복구'를 말하는 것이었어요.

유리센

유신으로 왕정 복구를 하기 이전에는 어떤 체제였는데요?

베네딕트

일왕과 쇼군이 양립하는 체제였어요. 실권은 왕이 아닌 쇼군에게 있었고요. 다른 나라에서는 쇼군의 정부가 정식 정부로 인정받고 있었을 정도예요.

나작가

역시 문文보다 무武가 중시되는 사회답네요.

유리센

그렇다면 '기존의 체제를 무너뜨리고 새로운 체제를 도입하자'가 아니라, '예전의 체제를 다시 가져오자'는 것이었군요?

베네딕트

좀 더 구체적으로 말하자면,

왕정체제로 황금기를 누렸던 10세기에 대한 영광을 복구하고 싶었던 거죠.

나작가

체제를 복구하면 국민들의 생활 방식도 전통적으로, 즉 예전의 생활 방식으로 돌아가는 것 아닌가요?

베네딕트

그렇죠. 일본의 국민은 대부분 '개혁'을 바라지 않았거든요.
이 당시 일본의 '개혁가'들만이 문호 개방을 주장한 거예요.

유리센

국민들은 단지 통치자만 바뀌길 바란 거군요.

베네딕트

맞아요. 메이지 시대 농부들은 지나친 세금을 부담스러워
했고 상인들은 부를 축적하기에는 제약이 많았어요.

하지만 봉건제도 자체를 거부한 것은 아니에요. 단지 정해
진 체제 안에서 더 나은 삶을 살고 싶어 한 거예요.

나작가

아~ 그래서 태평성대를 누린 10세기의 왕정체제가 그들의
이상적인 모델이라고 판단한 거구나.

베네딕트

네, 단순한 정권교체가 아니라 쇼군에서 일왕으로의 정권의
핵을 복귀하는 거죠.

나작가

그렇지만 이러한 왕정 복구도 결국 문호 개방을 막을 수는
없었네요.

유리센

그러니까요.

우리가 잘 알고 있듯이 일본은 아시아 그 어느 나라보다도
서양의 문물을 가장 적극적으로 받아들이고 활발하게 소통
했잖아요.

베네딕트

맞아요.

서양의 막강한 군사력을 보고 더 이상 쇄국을 하는 것이 무의미하다고 느낀 거예요. 이길 수 없다면 내 것으로 만들어야 한다는 판단을 한 거죠.

나작가

2장에서 이야기한 '전쟁 중의 일본군 포로'처럼 태세 전환이 상당히 빠르네요.

유리센

그 과정에서도 일본인의 여러 특성을 봤을 거 같아요. 어떤 점이 있었나요?

베네딕트

3장에서 이야기한 것 기억나나요? 그들은 지신의 적절한 자리를 지키는 것을 상당히 중요하게 생각해요.

베네딕트

이것은 앞으로 남아 있는 에피소드에서도 일본을 이해하는 매우 중요한 요소로 언급될 거예요.

나작가

아, 그렇죠. 각자의 자리.

 베네딕트

앞에서 말했듯이 국민들은 개혁을 원하지 않았어요.

하지만 빠른 속도로 문호가 개방되고 많은 제도가 국민들의 뜻과 다르게 바뀌어 버려요. 왜냐하면 그들의 관습상 정책을 정하는 것은 국민이 아니라 장관급의 고위 관료였기 때문이죠.

유리센

어쨌든 이러한 개혁을 성공시키기 위해서는 국민을 설득했어야 할 텐데...

나작가

여기서도 어쩐지 일왕에 대한 충성심에 호소했을 거 같은 느낌이 드네요.

 베네딕트

맞아요. 이때부터 국가의 통합과 우월성의 상징으로 국교 제도를 내세워요.

유리센

국가신도国家神道를 말하는 거군요.

나작가

국가신도는 종교의 개념인가요?

유리센

오늘날의 종교의 개념보다는 황실 숭배를 위해서 일왕을 신격화한 것이라고 보는 것이 맞아요.

베네딕트

당시 일본 정부는 국가신도의 개념을 확산시키기 위해 신사神社를 관리하고 국민들에게는 신사참배에 동참하게 했어요.

나작가

그렇다면 개인의 종교적 자유는 보장되었나요?

베네딕트

국가신도와 종교는 비교할 수 없는 가치였어요. 국가신도는 국가에 대한 존경과 충성의 표시였죠.

유리센

우리나라로 치면 '애국가 제창'이나 '국기에 대한 경례' 같은 거 아닐까요?

베네딕트

이렇게 국민들의 구심점으로 자리 잡은 일왕과 가장 가깝게 지낼 수 있었던 계층은 군부의 관료들이었어요. 그들은 자신의 이권과 정책을 위해 황실의 권위를 적극적으로 이용했어요.

나작가

여전히 무관이 강력한 정권을 쥐고 있는 사회네요.

유리센

그런 것은 쉽게 바뀌지 않는군요.

베네딕트

산업 개발 분야에서도 그들만의 독특한 방식을 찾을 수 있었어요.

나작가

지금까지의 설명을 들어보니, 당연히 자유경제에 맡기지는 않았을 거 같아요.

베네딕트

고위 관료들이 필요하다고 판단되는 산업을 구축하고 정부의 자금으로 이를 조직하고 운영했어요.

유리센

그렇다면 공기업의 개념인가요?

베네딕트

공기업처럼 꾸려서 궤도에 오르면 민간 기업에 넘겨주는
방식이었어요. 문제는 이러한 사업이 소수 독점 자본에 헐
값에 팔려나갔다는 거예요.

나작가

그렇게까지 해서 정부 주도적인 산업 발전이라니,

다른 국가에서는 보기 힘든 과정이네요.

베네딕트

정부는 서양의 압도적인 군사력이 산업 발전에 따른 기술
과 자본의 결과물이라고 판단했어요.

그러니 산업 발전은 국가에 있어서 너무나 중요한 일이기
에 이러한 과정이 합당하다고 여긴거죠.

유리센

그렇다면 그렇게 특혜를 받은 기업이 지금도 민간 기업으
로 남아 있을까요?

베네딕트

미쯔이, 미쯔비시 라는 회사 들어 봤어요?

나작가

아, 지금도 일본을 대표하는 기업들이에요.

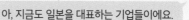

베네딕트

그렇군요. 지금까지 나눈 이야기가 일본인을 이해하기 위한 기본적인 배경이에요.

아, 그나저나 시간이 벌써 이렇게 되었네요. 오늘은 여기까지 하고, 나머지는 내일 다시 만나서 이야기하는 게 어떨까요?

오늘 나눈 이야기를 바탕으로 그들의 사고방식에 대해서 함께 알아보기로 해요.

유리센

이야기가 너무 재미있어서 시간이 이렇게 지난 지도 몰랐네요.

나작가

내일 아침에 호텔로 오셔서 함께 아침식사를 하는 게 어떠세요?

베네딕트

좋아요.

플라자 호텔의 카페테리아는 저도 좋아하는 곳이에요.

유리센

그럼 내일 아침에 봬요.

나작가

내일도 너무 기대됩니다!

 베네딕트

그럼 두 분 모두 들어가서 쉬도록 하세요.

Have a good night!

루스 베네딕트의
요약

일본은 19세기, 혁명이 아닌 내부적인 쇄신으로 국가체제를 개선하고자 했어요. 일왕에 대한 충성심을 내세워 일왕 중심의 개혁을 하고자 했어요. 이때 서양문물을 적극적으로 수용하면서 산업이 발달하고 군사대국으로 자리하게 되죠.

5장

조상과 주변에 빚진 사람: 빚의 무게

Debtor to the Ages and the World

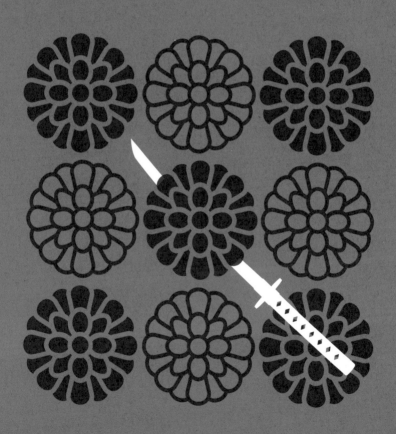

루스 베네딕트의 국화와 칼

식사 후, 센트럴 파크로 향하는 세 사람

유리센

어제 잠들기 전에 선생님과 함께 이야기한 내용을 다시 곰 곰이 생각해 봤어요. 그 중에 일본인은 자신의 자리를 지키 는 것, 즉 자신에게 주어진 것을 잘 해내는 것을 사명처럼 여긴다는 것이 인상적이었어요.

나작가

어찌 보면 당연한 것이지만 그것이 다른 민족에서 보여 지는 정도보다 더 두드러진다는 거죠.

 베네딕트

맞아요. 오늘 나눌 이야기에서도 그 부분에 대한 이해가 필 요해요. 그들의 사고방식의 배경이거든요. 일본어에는 '온 恩'이라는 말이 있어요. 이 또한 일본인을 이해하는 중요한 요소 중에 하나예요.

유리센

'온恩'은 우리말로 '은혜恩惠'라고 번역하기도 해요.

하지만 '은혜'라고만 번역하기에는 부족하다는 느낌이 들곤 해요. 오히려 '신세'라고 해석하는 것이 더 자연스러울 때도 있어요.

나작가

'은혜'라면 목숨을 구해준 은인에게나, 크게 도움을 받았을 때 사용하잖아요.

 베네딕트

그렇죠. 하지만 일본어의 '온恩'은 일본인에게는 일상적인 것이에요.

베네딕트

가령 이미 이 세상에 태어난 것만으로도 조상에게 '온(恩)'을 받았다고 생각해요. 그리고 일상을 살아가면서도 주위 사람들에게 '온(恩)'을 받고 있다고 생각해요.

유리센

확실히 우리말의 '은혜'와는 다른 단어죠. 상황에 따라서는 '은혜' 말고도 '충성', '의무', '친절', '사랑', '신세', '덕', '부담'으로 해석해야 해요.

나작가

우리말의 '은혜'보다 사용할 수 있는 범위가 넓네요.

베네딕트

사소한 친절부터 대단히 큰 은혜까지 모두 이것으로 말할 수 있어요.

베네딕트

하지만 주의할 점은 '온혜(恩)'은 윗사람이 아랫사람에게 베푸는 경우에만 사용한다는 것이에요.

유리센

그러고 보니, 자식이 부모의 은혜에 '온혜(恩)'을 사용하지만, 부모는 자식의 효도나 사랑에 '온혜(恩)'을 사용하지는 않네요.

베네딕트

이 점이 매우 중요해요. '온혜(恩)'은 나이, 지위, 관계 중에서 상하의 질서를 지키는 중요한 요소가 되는 거예요.

나작가

이런 '온혜(恩)'을 모르는 사람이나 동등한 위치 또는 아랫사람에게 받는 것을 불편한 것으로 생각했다는 것이군요.

베네딕트

지면 안 되는 빚을 졌다고 생각하게 되죠. 그래서 어떻게든 그런 상황을 서로 만들지 않는 것이 옳은 것이지만, 혹시 빚을 지면 빨리 이 상황을 벗어나고 싶어해요.

유리센

함께 밥을 먹거나 음료수를 마시고 각자의 분은 각자가 계산하는 것을 예로 들 수 있겠네요. 그리고 혹시 돈을 빌리게 되면 잔돈까지 확실하게 갚는 다거나...

나작가

요즘은 우리나라도 이런 문화가 보편적이지만,

일본은 원래 이런 문화가 오래 전부터 있었다고 들었어요. 작은 단위까지 더치페이하는 거죠. 일본어로는 와리깡割り勘이라고 하죠.

베네딕트

바로 그런 면이에요.

그리고 다른 사람의 일에 참견하는 것을 대단히 실례라고 생각하는 것도 이런 맥락이에요.

타인의 일에 조언이나 도움을 주는 것 자체가 어쩌면 실례가 될 수도 있다고 생각하는 거죠. 도움을 받은 사람이 은혜를 갚기 위한 노력을 하게 만든다고도 볼 수 있거든요.

유리센

길에서 도움이 필요한 사람이 있어도 도움을 주길 망설인다는 것인가요?

베네딕트

비슷해요. 공권력의 도움을 받아야 한다는 입장이에요. 그래야 서로에게 불편한 빚이 발생하지 않는 거죠.

나작가

상당히 개인주의적인 성향이네요.

일본인과의 관계에서 이 부분을 이해하지 않으면 마찰이 생길 수 있겠어요.

유리센

맞아요. 우리나라 사람끼리는 쉽게 할 수 있는 부탁이나 요청도 일본인은 상당히 부담스러워 하는 경우가 많아요.

 베네딕트

유리센은 어떤 경우가 있었나요?

유리센

일본에서 학교를 다닐 때,

학교 근처에 사는 친구 집에서 함께 조별과제를 하기로 하면 각자 먹을 물과 간식을 사가요.

나작가

친구 집에 가는 건데 물까지요?

유리센

네, 그거는 저도 당연하다고 생각했어요.

그런데 작업이 길어지면서 준비한 물이 떨어지고 목이 말라서 친구 집에 있는 다른 음료수를 마시게 됐는데, 이럴 때 그냥 '고마워'로 끝나면 안 돼요. '같은 걸로 사줄게'와 같이 되돌려주겠다는 의사 표현도 해야 해요.

사람에 따라서 괜찮다고 하기도 하지만, 그렇게 하라는 사람도 있어요. 그래야 서로 빚이 없어지는 거라고 생각한 거죠.

나작가

음, 그렇다면 그 때 더 큰 선물로 되돌려주는 것도 실례가 될 수 있나요?

베네딕트

네, 받은 것보다 더 큰 것을 돌려주게 되면 이번에는 받은 사람이 부담을 느끼고 또 갚아야 한다는 마음의 짐을 얻게 되는 거죠.

유리센

상대방이 나로 인해 부담을 느끼지 않도록 사소한 것까지 배려하는 것이 좋아요. 내가 이 사람에게 베푸는 것이 관계에 합당한지를 고려해야 해요.

베네딕트

맞아요. 중요한 점이에요.

그리고 이런 사고방식은 다양한 인사말에서도 나타나요.

나작가

아 그러고 보니, 일본인들은 우리보다 감사나 사죄의 인사를 더 자주 하는 거 같아요. 길가다가 조금만 부딪쳐도 '스미마셍'이라고 하는 모습을 자주 봤어요.

유리센

저도 일본에 가면 '스미마셍'을 입에 달고 살아요.

베네딕트

그렇죠. 이것도 신세를 지거나 상대에게 무언가를 빚졌을 때 바로 표현해서 해소하고자 하는 습성에서 비롯된 걸로 보여요.

유리센

'스미마셍済みません'의 의미를 보면 더 이해하기 쉬울 것 같아요.

베네딕트

스미마셍은 '이것으로 끝이 아닙니다', '무언가 남았습니다', '마음에 쌓여있습니다' 라는 의미예요.

'그런 상황에 처하게 되어 매우 미안하고 나는 그것을 마음에 새기겠습니다' 라는 의미를 내포하고 있는 거죠. 하지만 재미있는 것은 감사의 상황에도 이것을 사용한다는 것이에요.

나작가

그렇다면 '신세를 진 것을 마음에 새기겠다' 는 의미가 되겠군요.

유리센

또 다른 감사의 인사 중에 '아리가또有難う'의 의미도 이와 비슷해요. 이 말의 의미는 '어려움이 있다'인데, 이것이 감사의 인사인 것이 아니러니 하죠.

베네딕트

이것도 그들의 입장에서 생각해 보면

'당신에게 은혜를 입었으니 내가 이것을 갚는 것이 어려울 정도다'라는 의미예요.

나작가

'온恩'이라... 그들을 이해하는 데 무척 중요한 요소가 맞네요.

베네딕트

'온恩'에 대해서 더 알아 봐야할 내용이 있어요.

일본인이 가장 많이 쓰는 말 스미마셍, 아리가또

스미마셍의 원래 뜻은 '이것으로 끝이 아닙니다', '무언가 남았습니다', '마음에 쌓여있습니다'예요.

아하

그래서 실제로 사용되는 뜻은 타인에 대한 미안함을 마음속에 새기겠다는 의미로 사용되죠.

또한 감사의 뜻으로도 사용하기도 해요.

'미안하고 감사하다'라... 정말 자기 자신을 낮추는 일이네요.

또 다른 감사 인사인 '아리가또有難う'의 의미도 이와 비슷한데요.

어려울 정도로 큰 은혜를 입었다 라는 감사의 의미로 사용되는 거죠.

유리센

그럼 그 부분은 센트럴 파크에서 얘기할까요?

베네딕트

그래요, 좋은 생각이네요.

날씨가 좋으니 피크닉하기도 좋겠어요.

나작가

샌드위치도 준비했어요!

루스 베네딕트의
요약

일본인은 태어나면서부터 빚을 갖고 태어났다고 생각하고, 살면서도 끊임없이 빚을 지고 산다고 생각해요. 이것을 '온恩'이라 하고, '온恩'은 '의무'와 '의리'로 나눌 수 있어요. 태어나면서 갖고 태어난 빚을 '의무'라고 한다면, 살면서 지는 빚은 '의리'라고 볼 수 있어요.

6장

만 분의 일의 보은:
의무

Repaying One-Ten-Thousandth

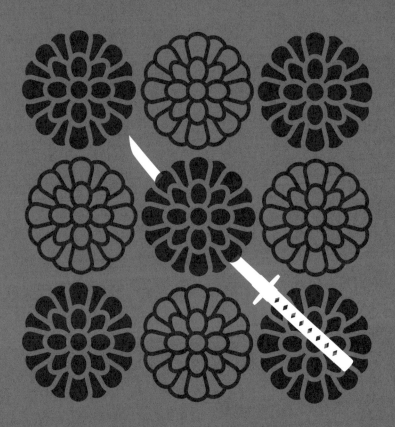

아하, 뉴욕 배경 영화에 맨날 등장하는 공원이 센트럴 파크군요.

센트럴 파크

뉴욕의 가장 큰 자랑이에요.

원래 숲이 있는 부지를 남겨서 만든 것 같지만...

사실 인공적으로 만든 숲이랍니다.

우와! 대단해!!

뚝딱

센트럴 파크를 거니는 세 사람

베네딕트

이곳에서 공원을 가로지르면 컬럼비아 대학까지 갈 수도 있어요.

유리센

이렇게 예쁜 공원을 걸어서 갈 수 있다면, 몇 시간도 걸을 수 있겠어요.

나작가

어 저기 연못에서 배를 타고 있네요.

우리도 배 탈까요?

베네딕트

배를 타고 싶다면 조금 더 걸어서 큰 호수에서 타는 걸 추천해요.

그곳이 더 멋지거든요.

유리센

그럼 큰 호수 쪽으로 가봐요!

베네딕트

그래요.

가면서 조금 전 이야기했던 '온恩'에 대해서 더 알아보도록 해요.

호수 쪽으로 걸어가며 이야기한다

 베네딕트

우리는 '온恩'이 일본인의 사고방식과 생활에 어떤 영향을 끼치는지까지 살펴봤어요.

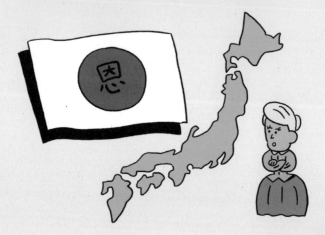

 유리센

일본인과 일본 사회를 이해하기 위해서 '온恩'은 꼭 필요한 부분이었어요.

 나작가

'온恩'에 대해서 더 자세하게 살펴본다고 하셨는데, 어떤 부분인가요?

 베네딕트

이번에는 '온恩'을 받은 사람이 은혜를 갚아야 하는 범위와 규칙을 알아볼게요.

유리센

은혜를 갚는 것에 대단한 가치를 두다 보니까, 그것도 세분화된 범위와 규칙을 갖는군요.

베네딕트

맞아요. 일본인은 '온恩'을 베푸는 것보다 은혜를 갚는 행위에 더 높은 가치를 둬요.

나작가

마치 돈을 빌려주는 행위보다 빌린 돈을 제대로 갚는 것이 더 가치 있는 행위라는 것이군요.

베네딕트

그렇죠.

돈을 빌린 사람은 돌려줘야 하는 의무가 생기게 되는 거예요. 그리고 이 의무를 이행하는 것이 인간으로서 마땅히 해야만 하는 헹동이라는 거죠.

유리센

그렇다면 은혜를 갚는 것의 범위는 어떻게 되나요?

베네딕트

크게 두 가지로 나눌 수 있어요.

그것을 일본인은 '의무'와 '의리'라고 구분해요.

유리센

의무義務, 의리義理군요.

단어의 느낌만으로도 '의무'가 더 절대적이고 강한 책임감을 가져야 하는 행위라는 생각이 들어요.

나작가

저는 '의무'는 어쩐지 법적인 제약이 있고, '의리'는 도덕적인 제약이라는 생각이 드네요.

베네딕트

그렇게 볼 수도 있지만 '의무'는 일본인에게 도덕을 넘어서는 삶의 이유라고도 볼 수 있어요.

> ### 은혜를 갚는 행위
>
> **의무義務: 아무리 갚아도 모자란 것**
> **의리義理: 받은 만큼 돌려주는 것**

유리센

삶의 이유라, 죽을 때까지 행해야 하는 책임이군요.

 베네딕트

이 '의무'는 크게 세 가지로 볼 수 있어요.

첫 번째는 일왕, 나라, 법에 대한 의무예요.

나작가

역시 그렇군요. 앞서 본 내용과 일맥상통해요.

유리센

일왕에 대한 의무를 가장 큰 가치로 두는군요.

 베네딕트

일왕에 대한 이러한 강력한 충성심은 다른 나라에서는 찾아보기 어려울 정도예요.

두 번째는 부모(조상)에 대한 의무예요.

그런데 여기서 주목할 점은 이 의무를 다하기 위해서는 자녀(후손)에 대한 의무도 져야 한다는 거예요.

유리센

자녀를 양육하는 것을 의무라고 보고, 그것을 이행하는 것이 부모에 대한 의무에 포함된다는 것이군요.

나작가

말하자면 가족 부양의 의무라고 할 수 있네요.

 베네딕트

세 번째는 일에 대한 의무예요.

유리센

3장에서 이야기했던 자신의 자리를 지키며 성실하게 일해야 한다는 것을 말하는 거네요.

 베네딕트

그렇게 볼 수 있어요.

나작가

그러면 첫 번째 의무는 일왕과 국가, 두 번째는 가족부양, 세 번째는 맡은 바 임무를 다하는 것이라고 보면 되겠네요.

 베네딕트

맞아요. 보기 좋게 정리해볼게요.

의무義務

1. 충忠: 일왕, 국가, 법에 대한 의무
2. 효孝: 조상과 후손에 대한 의무
3. 임무任務: 일에 대한 의무

유리센

이 '의무'는 죽을 때까지 놓으면 안 되는 것이군요.
끝이 없는 거네요.

배를 빌리는 곳에 도착한 세 사람

 베네딕트

이곳에서 배를 빌릴 수 있어요.

나작가

좋아요.

유리센

노 저을 줄 알아요?

제가 하면 자꾸 제자리에서 빙빙 돌기만 해서...

나작가

제가 노 좀 저었습니다.

 베네딕트

듬직하네요.

보트를 타고 이야기를 나눈다

 베네딕트

이번에는 은혜를 갚는 것 중에 다른 범위인 '의리'에 대해서
알아볼게요.

베네딕트

'의리'로 갚아야 하는 범위는 '온恩'을 받은 만큼 돌려준다는 것이에요.

나작가

5장에서 본 것처럼 받은 것이 있다면 받은 만큼만 돌려주는 것이 예의라는 것과 같은 맥락이네요.

베네딕트

네, 바로 그 영역이에요.

이것은 크게 네 가지로 볼 수 있어요.
첫 번째는 주군에 대한 의리예요.

유리센

현대사회에서는 내가 속한 조직의 상사라고 볼 수 있을 것 같아요.

베네딕트

두 번째는 친인척에 대한 의리예요.

나작가

친인척이라면 집안사람 중에 삼촌 내지 사촌까지의 관계로 볼 수 있겠네요.

베네딕트

네. 세 번째는 주변인에 대한 의리예요.

유리센

금전적이거나 친절에 대한 의리가 여기에 속하는 거군요.

의리의 네 가지 요소

의리는 '온(恩)'을 받은 만큼 돌려준다는 뜻과 일맥상통해요.

주군에 대한 의리

친인척에 대한 의리

주변인에 대한 의리

명예에 대한 의리

베네딕트

마지막 네 번째는 명예에 대한 의리예요.

나작가

명예를 대단히 중시하는 무사의 문화가 여기에서 비롯된 것이었네요.

유리센

3장에서 본 것처럼 무사는 무례한 행동을 한 사람을 처형할 수 있는 권한을 갖고 있을 정도였으니

명예가 얼마나 중요했는지 알 거 같아요.

베네딕트

일본인이 명예를 중시하는 것에 대해서는 조금 더 심도 있게 알아볼 거예요.

나작가

명예의 어떤 점에 대해서 더 깊이 알아보는 건가요?

베네딕트

그 부분은 먼저 '의리'에 대해서 알아보고 나서 다루도록 할게요.

유리센

네, 그나저나... 나작가님 힘들지 않으세요?

나작가

네, 이제 그만 땅으로 올라가고 싶어요.

그리고 배도 고픈 거 같고... 아 우리 샌드위치 있죠!

베네딕트

그래요.

조금만 더 타다가 저쪽 벤치에 가서 앉아서 이야기하도록 하죠.

노를 나에게 주세요. 여러분은 풍경을 좀 더 감상하세요.

루스 베네딕트의 요약

'의무'는 아무리 갚아도 모자란 것으로 봐요. 태어나면서부터 갖고 태어난 빚으로, 죽을 때까지 갚아야 한다고 여겨요. '의무'는 세 가지로 볼 수 있어요.

1. 충忠: 일왕, 국가, 법에 대한 의무
2. 효孝: 조상과 후손에 대한 의무
3. 임무任務: 일에 대한 의무

그리고 '의리'는 살면서 생기는 빚으로, 받은 만큼 돌려줘야 하는 것으로 봐요. '의리'는 네 가지로 볼 수 있어요.

1. 주군主君: 영주에 대한 의리
2. 친인척近親: 친인척에 대한 의리
3. 주변 사람: 신세 진 사람에 대한 의리
4. 명예名譽: 자신의 이름을 지키는 의리

7장

보답, 가장 감당하기 힘든 것: 의리

The Repayment 'Hardest to Bear'

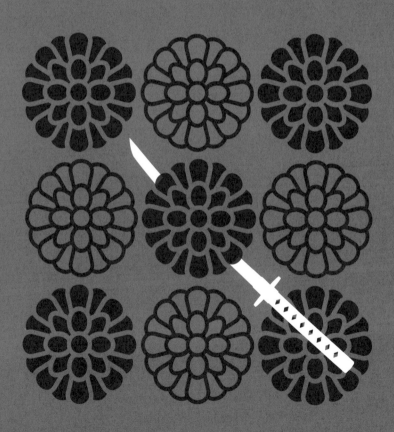

보트에서 내린 후 샌드위치를 먹는 세 사람

베네딕트

덕분에 정말 오랜만에 보트를 탔어요.

유리센

아 그러세요?

베네딕트

네, 나는 이렇게 사람이 많은 시간에는 잘 오지 않거든요.

나작가

아, 그럼 괜히 저희 때문에 타신 건가요?

베네딕트

저도 기분전환이 되고 좋았어요.

유리센

그러시다면 다행이네요.

 베네딕트

조금 전에 살펴 본 '의리'에 대해서 조금 더 구체적으로 이야기해볼게요.

유리센

저는 '의리'를 이렇게 4가지로 정리했어요.

의리義理

1. **주군主君: 영주에 대한 의리**
2. **친인척近親: 친인척에 대한 의리**
3. **주변 사람: 신세 진 사람에 대한 의리**
4. **명예名譽: 자신의 이름을 지키는 의리**

나작가

유리센의 정리를 보니, 1, 2, 3번은 타인에 대한 것이고, 마지막 4번만 자신에 대한 것이네요.

 베네딕트

정답이에요! 그 부분이 이번 이야기의 핵심이에요.

타인에 대한 '의리'와 본인에 대한 '의리'로 나눈다면 이렇게 볼 수 있어요.

① 세상에 대한 의리
주군, 친인척, 주변 사람

② 자신에 대한 의리
명예

베네딕트

여기서는 '세상에 대한 의리'에 대한 일본인의 인식에 대해서 알아보고, 다음에는 '자신에 대한 의리'에 대해서 알아보도록 할게요.

나작가

뿌리 깊은 무사 사회였던 일본인은 후자인 '자신에 대한 의리'가 더 중요했을 거 같아요.

베네딕트

그런 부분도 있지만,

역시 '세상에 대한 의리'를 다 하지 못하는 것 자체가 명예를 지키지 못하는 것이라는 인식도 있었기 때문에 무엇이 더 중요한지를 판단하기는 조금 어려워요.

유리센

그렇다면 구체적으로 어떤 면을 '세상에 대한 의리'라고 볼 수 있을까요?

나작가

혹시 밸런타인데이나 화이트데이에 주고받는 '의리 초코'가 그 중에 하나인가요?

베네딕트

흥미로운 예시네요. 그런데 '의리 초코'라는 게 정확히 뭔가요?

유리센

'의리 초코'(기리초코義理チョコ)는 학교나 직장에서 가까운 이성에게 좋아하는 마음이 없어도 주고받는 초콜릿을 말해요.

나작가

받은 사람은 어떤 형태로든 돌려주는 것이 보통이고요.

베네딕트

그렇다면 예시로 적절하네요.

혹시 받았는데 돌려주지 않으면 어떤 일이 일어나나요?

유리센

받은 사람은 기억했다가 비슷한 가치의 것으로 돌려줘야
해요. 그렇게 하지 않으면 준 사람이 성의를 무시당했다는
느낌을 받을 수 있어요. 받기만 한 사람은 사회생활을 제대
로 못하게 될 수도 있고요.

나작가

그런데 최근에는 그것도 조금 달라진 것 같더라고요.

베네딕트

어떤 식으로요?

유리센

최근 '마이나비'라는 일본의 취업 정보 사이트의 조사 결과
에 의하면 직장에서의 '의리 초코'에 대한 인식도 낮아졌고,
받았다고 꼭 돌려줄 필요는 없다고 생각하는 사람이 늘었
다고 해요.

나작가

이것을 '의무'에 대한 인식이 시대에 따라 달라진 거라고 봐야 할까요?

베네딕트

이럴 때는 '보답하지 않겠다' 라고 답한 사람들의 의견을 살펴봐야 해요.

그들은 왜 그런 답을 한 건가요?

유리센

그들은 '의리 초코'를 준 사람이 보답을 기대하지 않을 수도 있는데 괜한 부담을 주고 싶지 않기 때문이라고 답했어요.

나작가

아, 받는 사람에게 또 다른 '의무'를 지어주지 않는 것이군요.

베네딕트

그렇게 해석할 수 있겠네요.

나작가

초코 얘기를 하니, 제가 배가 고프다는 걸 깨달았어요.

유리센

여기 샌드위치요. 선생님도 같이 드세요.

베네딕트

고마워요. 잘 먹을게요.

유리센

'의리 초코' 말고도 일본어에는 '의리'를 사용한 재미있는 단어가 있어요.

나작가

뭔가요?

베네딕트

저도 궁금하네요.

유리센

바로 배우자의 가족을 지칭할 때 '의리 OO'이라고 부른다는 것이에요.

나작가

예를 들면요?

유리센

시아버지 또는 장인어른: 의리 아버지(기리노 치치 義理の 父)
시어머니 또는 장모님: 의리 어머니(기리노 하하 義理の 母)
배우자의 형제: 의리 형제(기리노 쿄오다이 義理の 兄弟)
매형 또는 형부: 의리 형 또는 의리 오빠(기리노 아니 義理の 兄)
처제 또는 올케: 의리 여동생 (기리노 이모오토 義理の 妹)

베네딕트

관계를 정확하게 나타내는 단어네요. 혼인이라는 일종의 계약에 의해 만들어진 관계를 말하기 적절해요.

유리센

네, 저도 처음 이 단어를 접하고 어떤 뜻인지 궁금했어요.

나작가

이들의 관계는 앞에서 살펴본 충, 효, 임무와 같은 '의무'가 아니겠군요.

베네딕트

그렇죠. 이 관계는 받은 만큼 돌려주고, 주는 만큼 돌려받는 '의리'의 관계인 거죠.

유리센

이 단어만으로 '의무'와 '의리'의 차이를 어느 정도 이해할 수 있을 거 같아요.

나작가

결혼하면 모두 가족이지만, 이혼하면 또 남이 되는 거니까요.

베네딕트

조금 매정하지만 그런 관계는 '의무'라고 할 수는 없는 것이
사실이니까요.

유리센

하지만 이 관계들은 서로가 어려움에 처했을 때

보살펴주지 않으면 세간의 질타를 받지 않나요?

베네딕트

맞아요. 그래서 종종 이 '세상에 대한 의리'라는 단어는

영어권에서는 '여론에 의해' 또는 '세간의 의견에 따라'로 번
역하기도 해요.

유리센

그리고 그 '질타'는 마치 이자처럼 갚을 때까지 점점 커지는
거죠.

나작가

그래서 어떻게든지 신세를 입으면 바로 갚으려고 노력하거나, 갚지 못하면 나중에 더 크게 그 값을 치르게 되는 거군요.

유리센

다시 한번 정리하자면

이번에 살펴본 '세상에 대한 의리'는 계약에 의해 만들어진 관계이고, 그것은 빚을 지면 반드시 갚아야 하고, 갚지 않으면 점점 더 커지는 것이라고 볼 수 있겠네요.

나작가

점점 일본인의 정서를 이해할 수 있게 되는 것 같아요.

 베네딕트

이다음 부분에 대해서는 우리 집으로 가서 이야기하는 게 어때요?

소개해 주고 싶은 친구도 있어요.

유리센

선생님댁에요? 저희야 영광이죠.

 베네딕트

여기서 멀지 않아요.

가서 차 한잔하면서 '자신에 대한 의리' 즉 '명예'에 대해서
이야기해요. 서재에 보여주고 싶은 자료도 있고요.

루스 베네딕트의 요약

'의리'는 살면서 관계하게 되는 사람에게 신세를 진 것에 대해서 갚아야 하는 '빚'의 개념으로 은행 대출과 비슷해요. 빌린 만큼 갚아야 하되, 늦어지면 이자를 붙여서 갚아야 한다는 것이죠. 주로 주군(상사), 친인척, 주변 사람에게 신세 진 것이 '의리'에 해당해요.

8장

이름을 지키는 것: 명예

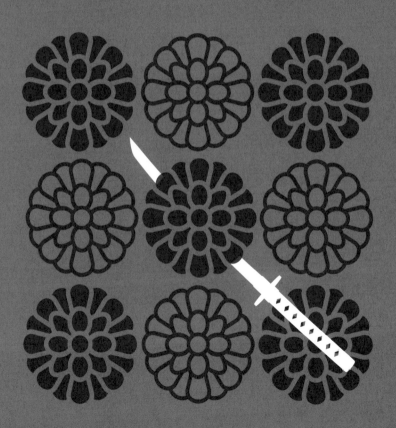

이쪽은 제 친구 마거릿 미드예요.

안녕하세요.

반갑습니다.

그런데 마거릿 미드라는 이름...

흐음...

제가 좋아하는 과자 이름과 비슷한데요.

베네딕트 자택에 도착한 세 사람

베네딕트

어서 들어와요.

마거릿 미드

반가워요. 나는 베네딕트 선생님과 함께 일하는 마거릿 미드라고 해요.

두 분의 얘기는 어제 선생님을 통해 들었어요.

나도 꼭 만나보고 싶었답니다.

유리센, 나작가

반갑습니다.

나작가

저는 나작가라고 합니다.

유리센

저는 유리센이라고 합니다.

베네딕트

이렇게 서 있지 말고 이쪽 테이블에 앉아요.

간단하게 차를 준비할게요. 마거릿이 좋은 차를 가져다줬어요.

> 차를 마시며 대화를 나누는 네 사람

나작가

> 두 분은 함께 일하시면서 서로 많이 의지가 되겠어요.

 마거릿 미드

> 그렇죠. 아무래도 여성학자가 많지 않다 보니…

> 우리 둘은 동료 이상의 관계예요.

 베네딕트

> 내가 마거릿에게 많은 도움을 받아요.

> 늘 든든한 내 편이 되어 주거든요. 가족 같은 사람이죠.

 마거릿 미드

> 저야말로 이렇게 훌륭한 분의 연구를 가까이에서 도와드릴
> 수 있어서 큰 영광이에요.

유리센

> 두 분 정말 보기 좋네요.

 마거릿 미드

> 그나저나 오전에는 무슨 이야기를 나누었어요?

나작가

> '일본인의 사고방식'에 대한 이야기를 했어요.

유리센

> 그중에 '의무'와 '의리'에 대해서 알아봤고요. '세상에 대한
> 의리'까지 이야기했어요.

마거릿 미드

그렇다면 이제 자신에 대한 의리인 '명예'에 대해서 알아볼 차례겠군요.

베네딕트

맞아요.

마거릿 미드

그들의 '명예'는 목숨보다 중요하죠.

흥미로운 대화가 되겠군요. 저도 함께 해도 될까요?

유리센, 나작가

그럼요!

베네딕트

일본인이 말하는 '의리' 중에서 '자신에 대한 의리'라고 할 수 있는 '명예'를 알아보도록 할게요.

의리義理 - 세상에 대한 의리

1. 주군主君: 영주에 대한 의리
2. 친인척近親: 친인척에 대한 의리
3. 주변 사람: 신세 진 사람에 대한 의리

의리義理 - 자신에 대한 의리

4. 명예名譽: 자신의 이름을 지키는 의리

유리센

오전에는 '의리'를 두 가지로 나누었고, 그중에서 '세상에 대한 의리'에 대해서 이야기했어요.

이번에는 두 번째 '자신에 대한 의리'네요.

나작가

'세상에 대한 의리'의 핵심은 '받은 만큼 돌려준다'였는데, '자신에 대한 의리'는 무엇이 핵심인가요?

 베네딕트

같아요.

나작가

역시 '의리'의 공통점은 '받은 만큼 돌려준다'라고 보면 되겠네요.

베네딕트

그렇죠. 다만 이번에는 상대에게 빚을 지는 것이 아니라 '모욕'을 받은 경우에 대해서 이야기해 볼게요.

유리센

'모욕'도 받은 만큼 돌려줘야 한다는 것인가요?

나작가

살벌하네요.

마거릿 미드

신세를 져서 '빚'을 갚아야 하는 것과 마찬가지로, 모욕을 당해서 '앙갚음'을 하는 것이라고 봐야하죠.

베네딕트

그런 만큼 앞서 살펴본 '의리'와 '의무'는 차별점이 있어요.

유리센

은혜를 갚는다는 공통 범주에 들어가기 어렵겠네요.

베네딕트

신세 진 것을 갚는 것보다는 명예를 지키는 행위라고 봐야
하니까요.

나작가

그럼 이렇게 표현할 수 있겠네요.

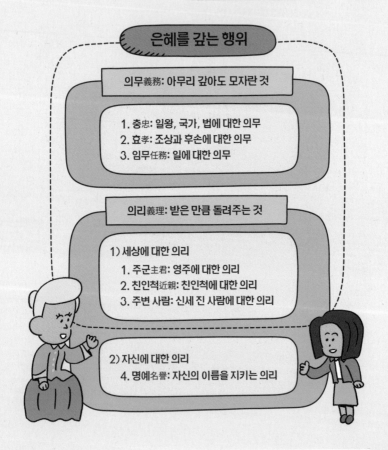

은혜를 갚는 행위

의무義務: 아무리 갚아도 모자란 것

1. 충忠: 일왕, 국가, 법에 대한 의무
2. 효孝: 조상과 후손에 대한 의무
3. 임무任務: 일에 대한 의무

의리義理: 받은 만큼 돌려주는 것

1) 세상에 대한 의리
   1. 주군主君: 영주에 대한 의리
   2. 친인척近親: 친인척에 대한 의리
   3. 주변 사람: 신세 진 사람에 대한 의리

2) 자신에 대한 의리
   4. 명예名譽: 자신의 이름을 지키는 의리

마거릿 미드

이렇게 보니 개념이 한 눈에 들어오네요!

베네딕트

누군가가 자신의 험담을 하는 것을 알게 되면, 마음에 두고 대 갚음해 주는 것을 '소심하다', '뒤끝이 있다'라고 하기도 하죠.

반면에 모르는 척 넘어가는 것을 '포용력이 있다'라고 하기도 하고요.

나작가

네. 자신의 SNS의 악플러에 대해서 별일 아니라는 듯이 대 응하는 사람을 보고 멋있다고 하는 거랑 비슷하네요.

베네딕트

오, SNS와 악플러라...?

유리센

내 욕을 하는 걸 알고도 쿨하게 '그러든지 말든지.

나는 내 길 간다'라고 할 수 있는 사람을 대인배라고 하는 거죠.

나작가

그래도 인터넷상의 악플러는 반드시 처벌해야 한다고 생각 합니다.

베네딕트

바로 그런 자세예요!

그것이 일본인이 '자신에 대한 의리'를 지키는 바탕이에요.

요즘 sns의 악플러 개념에 빗대어 설명할 수도 있겠네요.

sns?

아... 뭐라고 할까요... 현대판 불특정 다수의 모임이라고 생각하시면 될 것 같아요.

@inwann

@nyang3

@yu_ri

악플러에게 공격을 받으면 자신에 대한 의리를 지키려고 신고!

잡았다 요놈!

악플러

그런 자세가 일본인이 자신에 대한 의리를 지키는 방식이에요.

이렇게 모욕을 당하면 갚아주는 것도 중요하지만

모욕

그 모욕을 당하지 않도록 노력하는 것도 명예의 근본적인 요소예요.

물론 요즘에는 그냥 다짜고짜 악플을 다는 사람도 있지만요...

시무룩

유리센

'모욕'을 그대로 갚아준다는 것이군요.

그렇다면 '모욕'을 당하지 않으면 이것을 신경 쓸 필요가 없겠네요.

베네딕트

그들을 이해하기 위해서는 '모욕'을 당하지 않도록 끊임없이 노력하는 모습을 봐야 해요.

나작가

처음부터 '모욕' 당할 일을 만들지 않는 노력이군요.

베네딕트

예로부터 배고픔이나 고통에 대해서 상대에게 드러내는 것을 조심했어요.

한 예로 무사들은 어려운 살림살이에 잘 먹지 못할 때조차도 그것을 드러내지 않고자 늘 배부르게 먹은 것처럼 행동했어요.

베네딕트

그것을 나타내는 일본 속담이 있죠?

유리센

네, '무사는 먹지 않아도 이쑤시개를 문다武士は食わねど高楊枝'라는 속담이 있어요.

그들의 미덕 중 하나였죠.

나작가

어제 이야기한 '검소함이 미덕'이라는 규범을 말하는 것이 네요!

 베네딕트

또한 '자신에 대한 의리'는 직업적인 책무도 요구되었어요.

유리센

일본의 직업적인 책무라면 장인 정신으로 대변되기도 하죠.

나작가

장인 정신은 신분의 이동이 어려웠던 일본의 계급 제도가 만들어낸 긍정적인 면이라고 생각해요.

베네딕트

그래서 어제저녁에 이야기한 '자신의 자리를 지키는 것'이 그들에게 중요한 점이라고 했던 거예요.

유리센

자신의 자리를 지키기 위해서 그들은 더욱 자신의 일에 실수가 없도록 노력했겠네요.

나작가

하지만 우리나라처럼 속도가 중요한 사람들에게는 종종 답답하기도 해요.

유리센

지인들 중에 일본 회사와 거래하는 사람들에게 자주 듣는 말이에요.

유리센

일 진행이 너무 더뎌서 답답하다고, 확인을 몇 번씩 하는지 숨넘어갈 지경이라는 하소연도 해요.

 베네딕트

그들은 업무에서 실수하지 않는 것이 곧 자기존중이기 때문에 신중할 수밖에 없어요.

유리센

역시 문화의 바탕을 알면 차이도 이해할 수 있게 되는군요.

나작가

저도 일본 회사와 거래할 일이 있다면 그들의 문화를 존중해서 더 여유롭게 일을 진행해야겠어요.

 마거릿 미드

이런 서로에 대한 존중은 인종, 성별, 취향에 대해서도 반드시 지켜야 한다고 생각해요.

 베네딕트

그렇죠. 그럴 수만 있다면 갈등이 한층 줄어들 거예요.

이런 '자신에 대한 의리'를 위해서는 그들의 방문 예절도 꼭 익혀두는 것이 좋아요.

나작가

방문 예절이오?

 베네딕트

약속시간에 맞게 방문하거나 그보다 아주 조금 늦게 도착하는 거예요.

베네딕트

그것으로 그들이 손님을 맞을 준비 시간을 방해하지 않는
것이죠.

유리센

이점은 저도 학생들에게 꼭 강조하는 점이에요.

일본 가정을 방문할 때, 약속시간 이전에 가면 실례일 수 있
으니, 혹시 일찍 도착하더라도 주변에서 시간을 보내다가
가라고 해요.

음...너무
일찍 도착
했군...

준비할
시간을 좀
줘야겠다...

나작가

아, 집 주인이 준비 덜 된 모습을 보이는 것이 '모욕'이라고
느낄 수 있다는 거군요.

이건 좋은 팁이네요!

유리센

여러 가지 상황에 대해서 알아봤는데요,

유리센

이러한 '자신에 대한 의리'를 지키지 못했을 때 그들은 어떤 방법을 택했나요?

 베네딕트

지금은 일반적이지 않겠지만 과거 무사들은 '자신에 대한 의리'인 '명예'를 지키기 위해서 극단적인 방법도 서슴지 않았어요.

바로 자살이죠.

유리센

일본 사무라이 영화에 자주 등장하는 할복?!

나작가

명예를 지키기 위해 죽음 택하다니...

'자신에 대한 의리'는 그들을 대할 때 꼭 알아두어야 할 면이라는 것을 다시 한번 느끼게 되었어요.

베네딕트

이렇게 해서 '의리'와 '의무'에 대해서는 모두 알아봤어요.

유리센

다음은 어떤 내용에 대해서 이야기하나요?

베네딕트

이러한 철저한 의무와 의리를 지키면서 즐겼던 육체적 쾌락의 방법과

그 감정에 대해서 이야기해볼게요.

마거릿 미드가 자리에서 일어난다

마거릿 미드

아쉽지만 저는 오후에 연구실에 손님이 오기로 해서 이만 가봐야 해요.

유리센

아 그러시군요. 만나서 반가웠어요.

마거릿 미드

저도 함께 이야기 나눌 수 있어서 좋았어요.

이곳에서의 남은 시간도 알차게 보내도록 하세요.

나작가

네 선생님, 감사합니다.

베네딕트

유리센, 나작가님,

다음 이야기를 하기 전에 보여주고 싶은 책이 있어요.

서재로 자리를 옮길까요?

루스 베네딕트의
요약

'의리'에는 독립적인 부분이 있어요. 바로 자신의 이름을 지키는 '명예'가 그것이에요. 앞에서 살펴본 '의리'가 신세를 갚는 것이라면, '명예'는 모욕을 당했을 때 자신의 이름을 지키기 위해서 반드시 갚아 주어야 한다는 것이에요. 쉽게 말해서 반드시 복수를 해야 한다는 것이죠. 그 밖에도 일을 할 때, 자신의 이름을 걸고 최선을 다해야 한다는 것도 이 '명예'에 속해요.

9장

감정의 세계:
육체와 정신

The Circle of Human Feelings

뜨아아아!
책이 이렇게나 많다니!!

아무래도 제 직업상
여러 책을
읽어봐야 하니까요.

깜짝이야...

아하...

뭔가 다 어려워
보이는 책이네요.
제 책장에는 거의 다
만화책인데 말이죠.

냐~

만화책이오?

베네딕트의 서재로 들어서는 세 사람

유리센

선생님의 서재에는 어떤 책이 있을까 궁금했는데 이렇게 직접 보게 되네요.

나작가

뭔가 어려워 보이는 책이 많아요...

 베네딕트

내가 쓴 책 중에서 이 책을 꼭 소개해 주고 싶었어요.

『국화와 칼』 연구를 맡아서 할 수 있게 해준 책으로, 제목은 『문화의 패턴(Patterns of Culture)』이에요. 1934년에 쓴 이 책 덕분에 나는 문화 인류학 분야에서 인정받기 시작했어요.

유리센

아, 한국에도 『문화의 패턴』의 번역본이 출간되었어요.

 베네딕트

그렇군요. 기쁘네요.

나작가

어떤 내용의 책인가요?

 베네딕트

나는 스승이신 프란츠 보아스(1858~1942) 박사의 연구 방식에서 영향을 받았어요. 그는 정확하고 객관적인 자료의 확보를 무엇보다도 강조했죠.

베네딕트

그리고 한 민족의 문화를 연구하기 위해서는 반드시 역사 지리적 본거지를 제한해야 하고 동시에 물질 환경, 주위의 문화 및 문화 각 방면에 복잡하게 얽힌 심리적 요소 등을 조사 분석해야 한다고 주장했죠.

나작가

음…

유리센

연구 대상에 대해서 여러 요소를 복합적으로 이해해야 정확한 분석이 가능하다는 것이군요.

 베네딕트

그렇죠. 그의 연구 방식을 토대로 자료를 수집하고 분석해서 문화의 상대성과 문화가 개인의 성격에 미치는 영향을 설명한 책이 이 『문화의 패턴』이에요.

유리센

돌아가서 꼭 읽어봐야겠어요!

 베네딕트

그래요. 이 책을 읽고 나면 『국화와 칼』을 쓴 나의 연구 방식에 대해서 더욱 공감하게 될 거예요.

『국화와 칼』은 비록 현지조사는 이루어지지 않았지만 신화, 상징, 스토리텔링, 문화적 패턴이 연구 자료가 되었으니까요.

나작가

독서 리스트에 추가!

베네딕트

그럼 『국화와 칼』로 돌아가서 계속 이야기를 해 볼까요.

유리센

이번에는 일본인의 육체적 쾌락, 그러니까 어떻게 스트레스를 해소하는지 알아보겠다고 하셨어요.

나작가

일본인들은 상당히 금욕적이고 규율이 엄격한 속에서 스스로만의 스트레스 해소법이 필요했을 거 같아요.

베네딕트

그 쾌락도 규율을 지켜야 하고, 타인에게 민폐를 끼치지 않는 범위 내에서 이루어져야 해요.

유리센

일본어로는 민폐를 '메이와꾸 迷惑'라고 해요.

유리센

일본인들은 어려서부터 타인에게 민폐가 되는 행동에 대해서 강하게 제재하는 교육을 받는 것으로 알려져 있어요.

나작가

그래서 대중교통이나 공공장소에서도 큰 소리를 내지 않는 것은 참 좋아요.

유리센

전화가 오면 내려서 다시 걸거나, 급한 전화면 내릴 곳이 아닌 곳에서 내려서 통화하기도 하죠.

그리고 등산을 할 때도 일행과 할 말이 있으면 속삭일 정도니까요.

 베네딕트

역시 일본인답군요. 내가 소개하는 그들의 쾌락 추구도 그런 면이 반영되어 있어요.

유리센

어떤 방법인가요?

 베네딕트

먼저, 목욕 문화예요.

나작가

아, 일본은 목욕법이나 목욕을 하며 느끼는 감정을 주제로 한 드라마나 영화, 만화가 상당히 많아요.

 베네딕트

그들에게 목욕은 위생상의 개념을 넘어서는 행위예요.

베네딕트

목욕으로 따스함과 안락함을 느끼죠.

그리고 그 시간을 통해 긴장으로 가득했던 하루를 보낸 자신을 온전히 놓아버리는 거예요.

유리센

맞아요. 일본인은 여름에도 뜨거운 물에 몸을 담그는 것을 즐겨요.

나작가

우와, 여름이면 샤워만 해도 충분하지 않나요?!

베네딕트

물속에 몸을 담가서 태아가 양수에 있는 것처럼 즐기면서 모든 것을 잊는 것은 흐르는 물에 몸을 씻는 것과는 차원이 다른 공간을 즐기는 행위라고 생각해요.

유리센

샤워를 하는 것이 몸을 깨끗하게 하는 목적이 아니라

따뜻한 물에 들어가기 위한 준비로 보일 정도니까요.

나작가

또한 남에게 전혀 민폐가 되지 않는 스트레스 해소법이기도 하네요.

베네딕트

다음은 성性문화예요.

유리센

지금의 일본은 성문화에 상당히 개방적이고

성에 관련한 산업이 활성화되어 있어요.

나작가

뭔가... 감추지 않고 그것을 당당하게 여긴다고 할까?

처음 일본에 갔을 때 콘돔 전문점이 번화가에 자리하고 있는 것을 보고 문화충격을 받았어요.

베네딕트

일본은 오랜 불교국가였지만 성을 즐기는 것을 죄악시하거나 부끄러워하지 않았어요.

유리센

오히려 육체적 욕구를 드러내고 그것을 즐기는 것이

다른 방향으로 스트레스를 발산하는 것보다 나은 방법이라고 판단했군요.

나작가

목욕문화와 상당히 격차가 있는 방법이네요.

베네딕트

일본인은 인간에게는 선과 악을 지배하는 영혼이 존재하는
것이 아니라,

'점잖은 영혼'과 '격정적인 영혼' 이 있다고 믿었어요.

유리센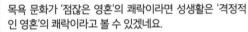

목욕 문화가 '점잖은 영혼'의 쾌락이라면 성생활은 '격정적
인 영혼'의 쾌락이라고 볼 수 있겠네요.

나작가

어느 쪽도 옳고 그른 것이 아니라 적절한 상황이 있는 것뿐
이네요.

베네딕트

이의 중간쯤 되는 쾌락도 있어요. 바로 슬픈 문학작품이나
연극을 접하고 조용히 눈물을 흘리는 것이에요.

유리센

감정에 의해 눈물을 흘리면 다양한 신경전달물질이 분비되
어 진통을 덜 느끼게 하는 효과도 있고 마음의 안정을 느끼
게 한다고 해요.

감정 해소에 큰 도움이 된다는 것은 이미 연구로 여러 번 검
증되었어요.

나작가

그래서 일본의 문학작품이나 영화는 해피엔딩보다는 비극
적 결말이나 열린 결말의 작품이 많은가 봐요.

점잖은 영혼

점잔과 격정
사이의 영혼

격정적인 영혼

베네딕트

그 밖에 여러분이 생각하는 그들만의 쾌락은 무엇이 있나요?

유리센

저는 '오타쿠おたく' 문화도

그 가운데 하나가 아닐까 생각해요.

나작가

그럴 수 있네요.

타인에게 민폐 끼치지 않고 자신이 좋아하는 분야에 열중하며 비슷한 취미를 갖고 있는 사람과 교류하는 것도 그들의 독특한 문화 중에 하나니까요.

 베네딕트

취미에 과몰입해서 쾌락을 즐긴다는 거군요.

유리센

네, 과거에는 오타쿠 문화를 안 좋게 보는 시선도 있었지만

지금은 해당 분야의 전문가로 다양한 직업군에서 활약하기도 해요.

나작가

성공한 덕후, 로망입니다.

 베네딕트

두 분의 이야기를 들으니 일본인의 쾌락에 대한 설명은 더 하지 않아도 되겠네요.

유리센

그럼 다음은 어떤 이야기로 넘어가나요?

 베네딕트

다음 장에서는 그들을 이해하는 매우 중요한 키워드인 '수치심'에 대해서 이야기할 거예요.

나작가의 배에서 꼬르륵 소리가 난다

나작가

아, 수치스럽네요.

유리센

이것은 배달 앱을 키라는 사인인데...

아 맞다 여기는 20세기 뉴욕이지;;

 베네딕트

여러분들의 이곳에서의 마지막 식사는 특별한 곳으로 예약했어요. 맨해튼Manhattan의 번화가인 타임스 스퀘어 Times Square로 가요. 이 동네와는 다르게 저녁에도 대낮처럼 밝은 곳이에요.

나작가

좋아요! 오예 타임스 스퀘어!

유리센

고고!

 루스 베네딕트의
요약

일본인은 '의리'와 '의무'를 지켜가기 위해서는 스트레스를 해소하는 것도 중요하다고 여겼어요. 물론 타인에게 신세를 지거나 민폐를 끼치지 않는 범위 내에서만 허용되었죠.

10장

덕목의 딜레마:
수치심

The Dilemma of Virtue

저녁시간, 차로 이동 중...

베네딕트

저녁식사 시간에는 차가 많아서 좀 막힐 거예요.

유리센

저희가 살고 있는 서울도 늘 차가 많아서 익숙해요.

나작가

그래서 저는 지하철을 이용하죠.

베네딕트

이곳도 지하철이 있지만, 나는 잘 타지 않아요.

이번에는 일본인을 이해하는 중요한 키워드인 '수치심'에 대해서 이야기해볼까요?

유리센

수치심은 일본어로 '하지恥'라고 해요.

나작가

수치심이 왜 중요하다는 거죠?

 베네딕트

앞에서 이야기했던 것처럼 일본인은 영혼을 나누는 것에 대해서 선과 악으로 나누지 않아요.

유리센

단지 상황에 맞는 것을 선택하는 것뿐이라고 했죠.

나작가

하지만 그 기준은 엄격하게 정해져 있었고요.

베네딕트

그렇기 때문에 악한 행동을 했을 때의 죄의식 때문에 옳은 행동을 하고자 하는 것이 아니라,

정해져 있는 기준을 지키기 위해서 행동해요.

유리센

만약 규칙이나 규범을 지키지 못했다면 수치심을 느끼게 되겠네요.

나작가

선한 행동에 대한 동경보다는

수치심을 느끼지 않기 위해 규칙을 지키는 것이고요.

베네딕트

네, 그래서 그들이 규칙을 지켜나가는 원동력을 이 수치심 이라고 보고 있어요.

이것을 보여준 사례가 일왕이 전쟁의 패배를 인정하자마자 개인의 의지나 사상과는 무관하게 모두 항복을 받아들인 것이에요.

유리센

일왕의 상황이 바뀌었으니

절대적인 기준이 바뀐 것이군요.

나작가

그래도 적이었던 미국에의 항복을 그렇게 쉽게 받아들일 수 있었을까요?

베네딕트

마지막 장에서 한 번 더 이야기하겠지만

베네딕트

그들은 오전에 항복하고 오후에 미군에게 환영의 미소를 보냈을 정도예요.

유리센

미국에 포로로 잡힌 일본군이 전향을 하고 적극적으로 협조했다는 이야기가 떠오르네요.

베네딕트

그리고 이것을 완성하는 또 하나의 촉진제가 '성실'이라는 덕목이었어요.

유리센

'성실'이라면 일본인이 최고의 덕목으로 여기는 것 가운데 하나라고 할 수 있죠.

나작가

'성실'은 어느 사회에서나 환영하는 자세라고 생각하는데요.

베네딕트

그들의 '성실'은 단순히 열심히 사는 것을 말하는 게 아니에요.

유리센

맞아요. 좀 다양한 의미를 포함해요.

베네딕트

자신의 욕심을 위해 남을 속이지 않고, 남의 험담을 하지 않고, 일어난 일에 대해 책임을 질 줄 알며,

심리적 갈등으로부터 자유로울 정도로 수양이 된 사람이라는 뜻이에요.

나작가

좋은 의미는 다 들어있네요.

유리센

일본어로 '마코토まこと'라고 하는데,

성실한 사람이 되라는 의미로 사람 이름에도 붙여요.

일본인의 성실성의 원동력은

정해진 규칙을 성실히 이행하지 않았을 때 수치심을 느끼지 않도록 하기 위함이라고 할 수 있죠.

수
치
심

수치심은 외부의 시선, 고로 성실성은 자기 자신보다도 남에게 민폐를 끼치지 않기 위해서 발휘되기도 하는 거죠.

열심
열심

폐가
되면
안돼...

고해성사의 예를 들어보면 쉬워요.

일본에서는 고해성사를 해서 죄책감을 더는 것보다는 수치심을 굳이 드러낼 필요가 없다고 생각해요.

자신의
죄책감

<

남이 주는
수치심

굳이 남들이 모르는데 죄를 고백할 필요는 없다는 것이군요.

나작가

'성실'이라는 촉진제가 더해진 의무, 의리, 명예는 그들에게는 최고의 가치였겠네요.

베네딕트

그렇죠. 이렇게 정해진 규칙을 성실하게 이행하는 것은 수치심을 느끼지 않기 위함이라고 했는데,

이 수치심의 발생을 따져보면 그것은 자기 자신이 아니라 외부의 시선, 즉 사회라는 것이 흥미로워요.

유리센

죄책감이 자신의 내부적으로 느끼는 것이라면

수치심은 자신의 외부적인 요인에 의해 느끼는 것!

나작가

남의 시선을 많이 신경 쓰는 것 같아요.

이것도 일본인이 남을 의식해서 민폐를 끼치고 싶어 하지 않는 것과 연결할 수 있겠네요.

베네딕트

그래서 죄책감을 덜기 위한 고해성사는 일본에서는 받아들이기 어려운 행동이었어요.

유리센

아무도 모르면 느끼지 않을 수치심을

굳이 꺼낼 필요가 없으니까요.

베네딕트

죄를 고백하는 것은 그저 문제만 일으키는 행위라는 거죠.

 유리센

얼마 전 영국 드라마인 「기리 하지」를 봤어요.

 나작가

저도 넷플릭스에서 본 적이 있어요.

 베네딕트

'기리'라면 일본어로 '의리'를 말하는 것이고 '하지'는 '수치심'이라는 뜻이네요.

베네딕트
어떤 내용인가요?

유리센
범죄자 남동생을 잡아야 하는 일본인 형사 이야기였어요.

나작가
남동생에게 의리를 지켜야 하지만,

의리를 지키고자 하면 자신의 의무를 다할 수 없으니 수치심을 느낀다는 내용이에요.

베네딕트
의리를 지키기 위해 의무를 다하지 못하는 주인공이 수치심을 느끼는...

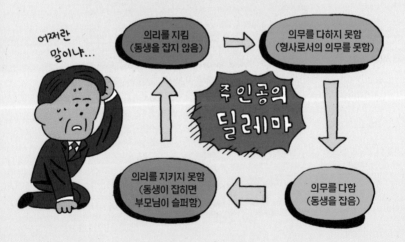

유리센

절대 선도 절대 악도 없는 그들의 사고방식인 거죠.

베네딕트

흥미롭네요.

일본인의 본성과 배경을 연구한 사람으로서 어느 정도 결말이 그려지는 내용이군요.

유리센

네, 결국 주인공은 일본인다운 선택을 해요.

그리고 드라마 소개에 이런 말이 나와요.

'의리에 얽매여 치욕에 빠지다. 義理に縛られ、恥に惑う'

나작가

이번 장의 주제에 딱 맞는 상황이네요.

유리센

의리, 의무와 같은 지켜야 하는 덕이 대립하는 상황이 생기면 딜레마에 빠져서 치욕을 겪게 되죠.

베네딕트

그 수치심은 또 다른 희생으로 씻어야 하는

굴레에 갇혀 버리고요.

나작가

이럴 때 쓰는 단어가 딱 생각났어요,

나작가

진.퇴.양.난!

유리센

적절하다...

 베네딕트

정말 딱이네요!

 루스 베네딕트의
요약

일본인은 선택의 기로에 섰을 때, 선과 악의 기준보다 수치심을 느끼지 않는 방법을 선택해요. 내 안의 죄책감보다 주위의 시선에서 느껴지는 수치심이 더 큰 선택의 요인이 되는 것이에요.

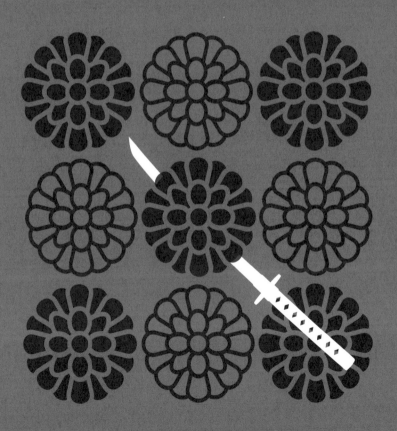

11장

자기 수양: 숙련

Self-Discipline

택시에서 내린 세 사람

베네딕트

마거릿에게 부탁해서 예약한 식당으로 가요.

요즘 가장 인기 있는 곳이라고 하더군요.

유리센

우아, 인싸들의 핫플이구나.

나작가

선생님도 여기 자주 오시나요?

베네딕트

나는 이렇게 사람이 많고 화려한 곳은 다니지 않아서

잘 몰라요.

마지막 코스도 마음에 들길 바라요.

유리센

저희 때문에 신경 써 주신 거네요.

정말 감사해요!

나작가

기대되네요.

예약을 확인하고
종업원의 안내를 받는 세 사람

베네딕트

코스요리를 예약했어요. 괜찮죠?

유리센

네 그럼요!

나작가

엄청 괜찮아요!

베네딕트

사람은 많지만 시끄럽지 않아서 좋네요.

유리센

그러게요. 마거릿 선생님이 좋은 자리를 예약해 주셨네요.

베네딕트

그녀는 내 취향을 잘 알고 있거든요.

게다가 내가 한 쪽 귀가 불편해서 조용한 곳이 아니면 대화
하기 불편해서요.

유리센

아 그러시군요. 잘 몰랐어요.

베네딕트

괜찮아요.

이곳 분위기는 마음에 드나요?

나작가

어제저녁 식사를 한 레스토랑도 좋았지만,

이곳은 또 다른 분위기네요.

식사를 하며 대화를 나눈다

 베네딕트

오면서 수치심이 그들의 삶에 미치는 영향을 이야기했는데요, 이번에는 수치심을 느끼지 않기 위해 어떤 노력을 하는지 알아볼게요.

나작가

지금까지 일본인을 살펴본 바로 추측해보면 역시 정신을 수련하는 것이라고 생각해요.

유리센

정신은 상황이나 물질을 이긴다고 여기니까요.

베네딕트

네, 2장에 전쟁 중의 일본인에 대해서 이야기할 때에도 나왔던 말이죠.

유리센

정신이 물질을 이긴다.

나작가

정신력으로 무장한 극단적인 예시로 자살특공대의 이야기를 했어요.

베네딕트

나는 그들이 그런 정신력을 갖게 된 방법에 대해서 알고 싶었어요.

유리센

단순히 일왕에 대한 충성심과 자신의 자리에서

최선을 다하고자 하는 마음만으로는 이루기 어려운 자세이긴 해요.

베네딕트

일본인은 어떠한 기술이나 능력을 익히고자 하면

우선 정신을 다스려야 한다고 생각해요.

나작가

기술을 익히기 위해서는 그 기술을 접하고 연구해서

나의 것으로 만드는 것보다 선행되어야 하는 것이 있군요.

베네딕트

네, 우선 정신을 가다듬어서 최상의 상태로 만들어야 한다
는 것이죠.

유리센

아, 그러고 보니 아이들이 공부할 때 집중력을 높이기 위해

서예학원을 보낸다는 학부모의 이야기와 비슷하네요.

나작가

서예를 익히기 위해서 서예학원에 가는 것이 아니라, 서예로 정신을 가다듬고 집중력을 높여, 학습력으로 연결한다는 거군요.

베네딕트

비슷한 과정이에요.

유리센

티브이 방송에서 보면,

추운 겨울에 차가운 물에서 견디는 것을 수양의 일종으로 여기는 사람이 있어요.

나작가

감기 걸리기 딱 좋죠.

유리센

심장에도 안 좋을 거 같아요.

베네딕트

서양에서는 물에서 무언가를 한다면

그 사람은 수영선수이거나 잠수를 익히기 위한 연습이라고 생각해요.

유리센

직접적인 연관이 있는 행위를 통해 기술을 연마하는 것이 서양식이라면,

나작가

일본인은 그전에 정신을 가다듬는다는 한 단계가 더 있군요.

베네딕트

일본인은 이러한 과정을 거쳐서 맑은 정신이 되는 것을 무아無我의 상태라고 했어요.

유리센

무아無我라, 스스로를 잊고 있는 상태군요.

나작가

말 그대로 정신이 육체를 지배한다고 믿는 상태!

베네딕트

이것을 칼에 비유해서 이야기할 수 있어요.

유리센

칼이라면 이 책의 제목과도 연관이 있을 것 같아요.

베네딕트

이 책의 제목에 내포된 또 다른 의미라고 할 수 있어요.

베네딕트

일본인의 수양의 모습을,

칼을 다루고 관리하는 모습과 같다고 생각했어요.

그들은 '수양'하지 않은 몸을 녹슨 칼에 비유해요.

나작가

녹이 슬지 않게 하기 위해서는

늘 '수양'을 통해 갈고닦아야 하는 것이고요.

유리센

칼을 잘 쓰기 위해서 스스로 칼을 잘 갈고닦는 방법을 깨닫
게 된다는 말이군요.

 베네딕트

그것이 칼을 잘 다루기 위한 절대적인 과정이며 무아에 다
다를 수 있는 방법이라고 여겼어요.

유리센

빛나는 날카로운 칼을 만들듯이 본인을 단련시킨다...

나작가

좋은 칼이 있어야 진정한 무사가 될 수 있는데,

그 모든 것은 '수양'을 통해 이루어지는 것이고요.

 베네딕트

그렇죠.

그들이 빛나는 날카로운 칼을 손에 들고 있다는 것은 그러한 자격을 갖추었다는 증표인 셈이에요.

유리센

그것은 칼의 주인인 무사가 해야 하는 필수과정이군요.

 베네딕트

일본인이 이렇게 자기 수양을 통해 철저하게 스스로를 통제하는 원동력은

역시 10장에서 본 '수치심'이라고 볼 수 있겠죠.

나작가

이번에도 지난 내용과 연결되네요.

유리센

남의 시선에서 오는 수치심을 피하기 위해 스스로를 억제하다니...

정말 대단하네요.

디저트를 주문하는 유리센과 나작가

 베네딕트

아, 잠시 실례할게요.

다녀와서 이들이 왜 이렇게 스스로를 억누르고 통제할 정도로 타인의 시선을 중요시하는지에 대해 이야기 나눠요.

나작가

저도 그 부분이 궁금했어요.

 베네딕트

아이들을 교육하는 방식을 통해 알아볼 거예요.

유리센

교육이라니!

일본인의 인격형성 과정을 알아보는 기회가 되겠네요.

루스 베네딕트의
요약

일본인은 기술을 익히기 위해서 반드시 정신 수양이 따라야 한다고 생각해요. 정신 수양을 통해 비로소 기술을 익힐 수 있는 최상의 육체적 조건이 만들어진다고 믿는 것이죠. 이렇게 만들어진 조건으로 수치심을 겪지 않고 떳떳하게 살아갈 수 있는 사람이 되는 거예요.

12장

아이는 배운다:
인격형성

The Child Learns

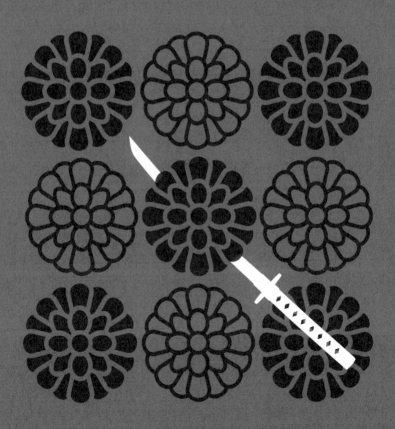

우와! 이 시대에 엠파이어 스테이트 빌딩 같은 높은 건물을 어떻게 지은 거죠?

엠파이어 스테이트 빌딩이 현재 뉴욕에서 가장 높은 빌딩이에요.

하지만 무려 지금으로부터 약 20년 전, 1930년 대에 지어졌어요.

네에!!??

자동차에, 초고층 건물에 미국은 이미 1900년대 초반에 모든 걸 가지고 있었군요.

대단하다...

하지만 이런 멋진 문명 이면엔 감춰져 있는 많은 문제점들이 있답니다.

사실 이러한 여건을 누릴 수 있는 사람은 많지 않아요. 노인이나, 소수 민족, 흑인들에게는 많은 제약이 따르고 있죠.

아하..

> 베네딕트가 자리를 비운 사이에 디저트가 나온다

유리센

이게 이곳에서의 마지막 음식이라니... 더 있고 싶은 출장은 처음이에요.

나작가

그러게요. 우리 출판사 사장님께 얘기해서 이런 출장을 더 자주 가게 해달라고 해야겠어요.

유리센

다음에는 미식의 도시 이태리... 쯤으로!

나작가

너무나도 좋은 생각이네요.

> 베네딕트가 자리로 돌아온다

 베네딕트

오, 디저트가 나왔군요. 어서 들어요. 먹으면서 일본 아이들이 어떤 교육을 받았는지 이야기하도록 하죠.

나작가

그렇게 자기 통제가 심한 인격이라면 분명 어린아이 때부터 상당히 엄격한 규율 속에서 생활했을 것 같아요.

 베네딕트

어린아이 때는 그렇지 않아요.

베네딕트

오히려 다른 문화권에 비해 자유로운 분위기에서 본능에 충실하도록 방치하는 편이에요.

유리센

하지만 아이가 학교에 들어가면서부터는 예의범절이나 규율을 상당히 강요하는 분위기던데요.

베네딕트

맞아요.

그 시절부터 아이는 자유보다는 규범이 더 중요한 가치라고 배워요.

나작가

사회적 집단에 진출하게 되면서부터 규범이 중요하다는 것을 배우는군요.

유리센

그렇다고 하루아침에 자유보다 규범이 중요하다는 것을 알고 그렇게 행동할 수 있을까요?

베네딕트

바로 그 점이 흥미로워요.

자유로운 어린 시절을 보내는 아이에게 가정에서는 꼭 깨우치게 하는 것이 있어요.

바로 집단으로부터 벗어나는 것에 대한 공포심이에요.

나작가

아, 이것이 집단의 규범을 지키게 하는 배경이군요.

유리센

어떤 방법을 사용하나요?

베네딕트

아이가 말썽을 부리면 '다른 집에 줘야겠다'고 하기도 해요.

그리고 다른 집 아이가 더 착하다며 그 아이를 이뻐하는 제스처를 취하는 거예요.

나작가

익숙한 전개네요. (과거 회상)

유리센

우리나라도 비슷한 농담을 하죠.

베네딕트

그런 농담 때문에 아이는 가족으로부터 미움을 받으면 버려지게 된다는 공포를 갖기 시작해요.

나작가

그럼으로써 아이는 자연스럽게 가족이라는 집단에 남기 위해 규범을 지키게 되는군요.

유리센

그것이 가족일 때와 학교나 사회일 때의 공포심의 크기는 상당히 다르겠어요.

베네딕트

> 그런 기억으로 사회에서 누군가에게 민폐를 끼치거나 규범에 어긋나는 행동을 한다는 것에 대해서 거부감을 갖게 되는 거죠.

나작가

> 그리고 만약 규범을 지키지 않는다면 집단 속에서 수치심을 느끼겠고요.

유리센

> 아마도 이것이 나와 다른 것을 배척하는 '이지메イジメ'라는 괴롭힘 문화를 만들어내게 된 것 같네요.

 베네딕트

> 그리고 그 '괴롭힘'은 늘 다음 희생자를 만드는 것을 볼 수 있어요.

나작가

이것은 선생님 집에서 이야기했던 '명예'를 지키기 위해 반드시 복수한다는 것과 연결할 수 있겠네요.

베네딕트

다만 꼭 괴롭힌 사람이 아닌, 다른 사람에게 향하는 경우도 있어요.

유리센

선배에게 괴롭힘을 당했다면 후배를 괴롭힌다거나 하는 거겠네요.

나작가

> 그렇게 괴롭힘에 동조하면서 집단에 속해 있다는 것을 느끼고 안심하게 되는 건가요. 비겁하네요.

베네딕트

> 옳고 그름이 아니라 지켜야 하는 규범만을 중요시하다 보니 생긴 문화라고 볼 수 있겠네요.

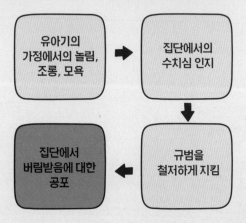

유리센

> 이런 규범을 중시하는 자세는 학창 시절이 끝나고 사회생활을 시작하면 더욱 강요받아요.

나작가

> 성인이 되면서 그 억압으로부터 자유로워지는 것이 아니라 더욱 큰 책임감으로 다가오나 봐요.

베네딕트

> 규범에의 책임은 가족을 책임지는 중장년층이 되면 가장 극에 달한다고 볼 수 있어요.

그런 집단 수치심은 결국 규범을 철저하게 지키게 하는군요.

일본 사람들이 사소한 규칙조차 누가 보지 않아도 지키는 것이 신기했는데 이런 이유에서라고 연결할 수도 있네요.

맞아요. 그리고 그런 규범은 사회생활을 시작하면서부터 점점 더 강요받게 되죠.

규범을 어기는 것이 경제적인 부담이나 가족 부양의 걸림돌이 될 수 있기 때문이에요.

결국 점점 나이가 들고 중장년이 될수록 이런 규범에 대한 책임이 늘어나게 됩니다.

삶의 자유

중장년

나이

나작가

책임과 스스로에 대한 억압은 비례하는군요.

유리센

스트레스가 많겠어요.

베네딕트

일본인은 성인이 되어가면서 스스로를 5장에서 이야기했던 세상에 빚을 진 사람,

즉, 의무를 다해야 하는 사람으로 만드는 거죠.

나작가

그러고 보니 이러한 스트레스로부터 자유로워지라고 했던 '알프레드 아들러'의 사상이 일본인 철학자와 작가에 의해서 소개된 적이 있어요.

유리센

『미움받을 용기 嫌われる勇気』를 말씀하시는 건가요?

나작가

일본에서 상당히 오랫동안 베스트셀러로 화제를 모았던 책이라고 알고 있어요.

유리센

사회적인 반향이 대단했어요.

원작을 바탕으로 한 드라마가 만들어졌을 정도니까요. 신드롬에 가까웠어요.

 베네딕트

타인의 시선을 신경 쓰고 그것이 관계를 좌우하는 일본 사회에 꼭 필요한 내용이라는 것이 대변되네요.

유리센

스스로 경제력을 갖춘 성인이 되어도 선택권과 자유는 없고, 규범에 얽매이는 것은 예나 지금이나 비슷하네요.

 베네딕트

11장에서 이야기한 것과 같이 끊임없이 자기 수양을 하는 거죠.

나작가

그렇게 자기 수양을 하면, 본능과 사회적인 모습, 양면을 갖게 되겠네요.

유리센

그것을 일본어로 '혼네本音'와 '타테마에建前'라고 해요.

 베네딕트

'본심'과 '사회적 태도'를 말하죠.

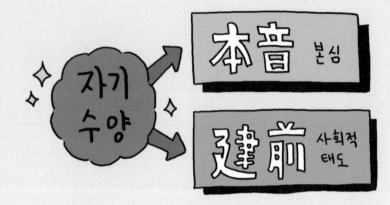

나작가

들어봤어요. 혼네와 타테마에를 따로 구분하는 것이 미덕이고 예의라고 하더라고요.

유리센

타테마에를 가식적이거나 이중적이라고 볼 수도 있지만, 일본인에게는 이것이 예의 바른 태도로 여겨져요.

 베네딕트

나는 이런 모습을 국화 같다고 생각했어요.

나작가

여기서도 책 제목의 숨은 뜻이 드러나네요.

어떤 모습이 국화와 같다고 생각하셨나요?

유리센

차림새나 태도를 말하는 것인가요?

베네딕트

차림새와 태도뿐만 아니라 그들의 사고방식도 여기에 포함된다고 봐요.

나작가

본능을 버리고 만들어진 그들의 모든 것을 말하는 것이군요.

베네딕트

일본인에게 국화는 화분에서 인위적으로 모양을 잡고 키우는 꽃이에요.

유리센

작은 철사나 보이지 않는 끈으로 연결해서 모양을 유지하죠.

나작가

분재盆栽네요.

베네딕트

'분재'라는 단어는 영어 표현으로도 일본어 'bonsai'가 그대로 사용될 정도로 유명해요. 분재는 일본 그 자체예요.

유리센

그러고 보니 자신의 자리를 지키기 위해 여러 노력을 하는 그들의 모습이 투영되네요.

 나작가

그렇다면 여기서 이 책의 제목인 '국화와 칼'의 숨은 의미를 다시 정리해 볼게요.

 유리센

국화는 수양에 의해 '만들어진 모습'이고

 나작가

칼은 수양을 위한 '자기책임의 태도'라고 볼 수 있겠네요.

 베네딕트

그것이 내가 일본인에 대해서 파악한 두 가지 핵심이었어요.

나작가

처음 이 책을 읽었을 때라면 이해하기 어려웠겠지만 이제 어떤 의미인지 알겠어요.

베네딕트

이제 식사도 모두 마쳤고, 마무리는 가면서 이야기할까요?

나작가

네, 그렇게 하시죠.

베네딕트

두 분은 오늘 저녁에 돌아간다고 했죠?

유리센

네 맞아요. 선생님댁 근처에 돌아가는 차... 비슷한 게 기다리고 있어요.

베네딕트

그럼 그쪽으로 이동하면 되겠네요.

나작가

정말 맛있는 저녁식사였어요.

식당을 나와서 택시를 잡는 세 사람

베네딕트

최근 이 도시의 택시는 대부분 노란색이에요.

21세기에도 그런가요?

유리센

그 이미지는 21세기 뉴욕에 여전히 남아 있어요. 하지만 택시의 형태는 많이 달라지긴 했어요.

나작가

아~ 뉴욕의 택시를 옐로 캡Yellow Cap이라고 부르는 게, 이 시대의 택시 회사 이름에서 시작한 거구나! 대표적인 브랜드가 대명사처럼 굳어져 사용되고 있네요.

베네딕트

오, 옐로 캡이 시대를 대표하는 브랜드가 되는군요.

루스 베네딕트의
요약

일본은 어릴 때부터 집단(가족)으로부터 버림받는 것에 대한 공포심을 교육해요. 이는 성장하면서 집단에서 인정받지 못하고 소외 당하는 것에 대한 위협으로 다가오죠. 그러한 위협으로부터 벗어나고자 주위의 시선을 중시하고, 규범을 지키고자 노력하는 삶을 살게 되는 거예요.

13장

패전 후의
일본

The Japanese Since VJ-Day

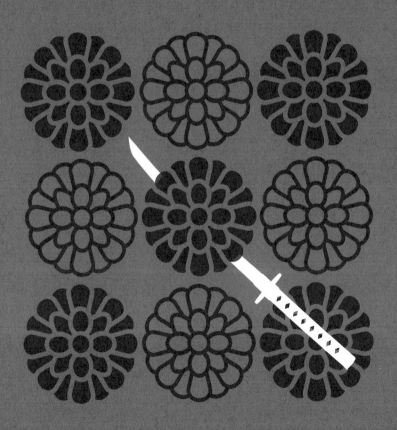

택시에서 내려 베네딕트 집으로
들어가는 세 사람

베네딕트

잠깐 들어가도록 해요.

아직 해야 할 이야기가 남았어요.

베네딕트가 차를 준비한다

유리센

어제와 오늘 선생님과의 대화를 통해

일본과 일본인에 대해서 궁금했던 점은 어느 정도 해결이
된 것 같아요.

베네딕트

그렇다면 다행이네요.

나도 두 분을 통해 미래의 이야기를 알 수 있어 즐거웠어요.

나작가

우리와 다른 점에 대한 배경을 알게 되니

그들을 어떻게 대해야 하는지도 더 알 것 같아요, 지피지기知
彼知己!

베네딕트

이런 일본을 상대로 전쟁에서 이겼지만

미국 입장에서는 패전한 일본에 대한 정책을 세우는 것이
고민스러웠어요.

유리센

일본은 미국이 예측할 수 없는 습성을 갖고 있는 나라였으
니까요.

 베네딕트

패전한 독일이나 이탈리아에 대한 정책을 참고로 하기에는
전혀 적합하지 않은 상대라고 판단했죠.

나작가

독일이나 이탈리아라면 미국인의 정서로 어느 정도 예측이
가능했겠지만...

베네딕트

> 우선 그들의 체계를 유지하게 하는 것이 중요하다고 판단했어요.

유리센

> 기존의 정부 체계를 말하는 건가요?

나작가

> 그렇게 하는 것이 명예를 중시하는 일본인에게 더 효율적이라고 판단한 것이군요.

 베네딕트

> 네, 그리고 비용도 적게 들죠.

유리센

> 하지만 기존의 조직을 활용한다는 것은 위험부담도 있었을 거 같아요.

나작가

패전을 인정하지 않는 무리가 등장할 수도 있고요.

베네딕트

앞에서 살펴본 것과 같이 일본인은 '대안의 윤리'를 따르는 사람들이에요.

유리센

어느 한 방법이 잘못되었다고 판단되면

바로 완전히 다른 방법을 적극적으로 도입한다는 거죠.

베네딕트

그리고 이것의 명분으로 일왕의 패전 선언이 있었기에,

그들은 명예를 지키며 완전히 다른 방향으로 돌아설 수 있었어요.

나작가

일왕이 전쟁을 하라고 하면 목숨을 걸고 전쟁에 임하지만, 항복을 하라고 하면 적극적으로 항복하고 협조하는 모습이네요.

베네딕트

이것도 미국이 예상하지 못한 모습이어서 당황스러웠어요.

유리센

일왕의 항복 선언만으로 일본 시민은 미국을 웃으며 환영했고, 서로 긴장할 필요도 없었다는 것은 그들의 대안의 윤리를 아주 잘 보여주는 부분이라고 생각해요.

나작가

미국 점령군이 아침에 일본에 도착해서 점심에 총을 내려놓고 저녁에 쇼핑을 나갔다는 일화는 조금 과장된 부분도 있겠지만, 그런 모습을 잘 보여주는 일화였네요.

베네딕트

또, 일본에 민주주의 체제를 도입했어요.

베네딕트

패전한 일본에 미국의 민주주의가 그대로 자리잡기는 어렵겠지만 그들만의 방법을 찾을 거라고 판단했어요.

유리센

이렇게 일본은 과거의 체계 위에 그대로 민주주의라는 옷이 입혀진 것이군요.

나작가

스스로 만들어낸 것이 아니라, 누군가가 입혀준 옷이라...

베네딕트

군국주의를 벗어난다는 것은 군비에 들었던 비용을 경제발전에 사용할 기회를 얻게 된다는 것을 의미하기도 해요.

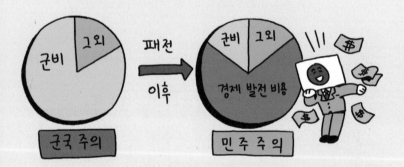

유리센

국가예산에서 군비의 비용이 상당 부분 차지하는 나라에 비해서 경제발전에 이점을 갖게 되는 거군요.

나작가

마치 패전 이후의 독일과 비슷한 상황이네요.

베네딕트

이것이 일본의 번영을 가져올 것이라고 예측했어요.

유리센

꼭 그 이유만은 아니겠지만, 지금의 일본은 경제 대국으로 성장했어요.

나작가

독일도 그렇고요.

베네딕트

평화로운 명예를 얻게 되었군요.

하지만 일본은 앞으로 또 어떤 다른 방향을 택하게 될지 예측할 수 없는 나라라는 것을 명심해야 해요.

유리센

지금의 평화가 그들의 전부가 아니라는 것이죠.

나작가

어느 한 방법이 실패했다고 판단되면, 서슴없이 다른 방법을 택하는 민족이니까요.

 베네딕트

이제 『국화와 칼』에 대해서 모두 살펴보았어요.

나작가

어렵게 느껴지던 내용이었는데 쉽게 알려주셔서 감사합니다.

유리센

일본에 한발 더 다가가게 된 시간이었어요.

선생님, 정말 고맙습니다.

 베네딕트

이번 만남을 계기로 일본의 현재는 물론이고

미래에 대해서도 꾸준히 탐구할 수 있기를 바라요.

> 현관에서 작별하는 세 사람
> (베네딕트는 그해 9월에 심장마비로 사망하게 된다)

유리센

선생님...

일도 중요하지만 건강관리 잘 하세요. 특히 심장...

나작가

쉿! 그런 얘기는...

베네딕트

그래요. 두 분도 조심해서 가요.

또 만나길 기대할게요.

유리센, 나작가

안녕히 계세요.

타임머신으로 돌아온
유리센과 나작가

나작가

그럼 이제 출발할까요.

유리센

네, 마지막은 항상 아쉽지만,

또 다른 만남이 있을 테니까요!

나작가

그럼 출발합니다!

**루스 베네딕트의
요약**

일본은 '상황'에 따라 기존의 방향과 정반대의 태도를 취할 수 있는 나라예요. 특히 명예를 중시하기 때문에 명분이 생기면 그것을 위해 어떠한 선택을 할지 예측하기 어려워요.

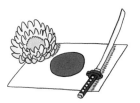

루스 베네딕트의
국화와 칼

초판 1쇄 펴낸 날 | 2020년 12월 25일

지은이 | 최유리, 나인완
펴낸이 | 홍정우
펴낸곳 | 브레인스토어

책임편집 | 박진홍
편집진행 | 양은지, 박혜림
디자인 | 이유정
마케팅 | 김에너벨리

주소 | (04035) 서울특별시 마포구 양화로 7안길 31(서교동, 1층)
전화 | (02)3275-2915~7
팩스 | (02)3275-2918
이메일 | brainstore@chol.com
블로그 | https://blog.naver.com/brain_store
페이스북 | http://www.facebook.com/brainstorebooks
인스타그램 | https://instagram.com/brainstore_publishing

등록 | 2007년 11월 30일(제313-2007-000238호)

이 도서의 국립중앙도서관 출판시도서목록(CIP)은 서지정보유통지원시스템 홈페이지(http://
seoji.nl.go.kr)와 국가자료공동목록시스템(http://www.nl.go.kr/kolisnet)에서 이용하실 수
있습니다.(CIP제어번호 : CIP2020051785)